Alexander Keller

Mit dem Jedership-Prinzip authentischer führen

Sei kein Pudding

1. Auflage

Mit dem Jedership-Prinzip authentischer führen
Sei kein Pudding
1. Auflage
V1.0.1

www.jedership.com

© 2021 Alexander Keller
www.humansmatter.org

Satz, Illustrationen, Covergestaltung: Alexander Keller

Alle Angaben/Daten nach bestem Wissen, jedoch ohne Gewähr für Vollständigkeit und Richtigkeit. Das Werk, einschließlich aller seiner Teile, ist urheberrechtlich geschützt. Jede Verwertung ist ohne Zustimmung des Verfassers unzulässig.

Für die Inhalte von Webseiten Dritter wird keine Haftung übernommen.

Inhaltsverzeichnis

Vorwort	9
Selbst. Bewusst. Führen. = Authentisch führen.	15
Mit dem Jedership-Prinzip zu mehr Authentizität	25
INSIDE	26
OUT	27
IN	28
INSIDE – OUT – IN ∞	28
Authentische Führung, Schritt I: INSIDE	31
Was dich leitet und antreibt sind deine Bedürfnisse und Werte	33
Strategien als Erfüllungsgehilfen	41
Authentische Führung, Schritt II: OUT	57
Menschen folgen Menschen	60
Gib Orientierung und schaffe Sicherheit	63
Authentische Führung, Schritt III: IN	71
Gefühle sind dein Geigerzähler	73
Stimme Fremdbild und Selbstbild regelmäßig ab	76

Sei einfach du. 83

Authentizität ist keine Schwäche und auch nicht entweder/oder 87

Über Jedership und die Jedership Academy 91

Über den Autor 95

Vorwort

Ich bin zutiefst davon überzeugt, dass es allen Menschen zugute kommt, wenn jeder für sich mehr Verantwortung übernimmt und lernt, sich selbst besser zu führen. In Gesprächen mit Mitarbeitenden und Führungskräften stelle ich immer wieder fest, dass eine große Unzufriedenheit darüber herrscht, wie das Arbeitsumfeld in vielen Unternehmen aussieht. Es werden Strukturen, Prozesse und Kultur auf der Systemebene kritisiert und das Verhalten von Menschen in Führungspositionen bemängelt.

Manchmal ist es für mich schwer auszuhalten, dass es Menschen gibt, die zwar die Schieflage erkennen, aber das Spiel letztlich mitspielen und somit legitimieren. So werden wirklich irre und schädliche Verhaltensweisen in Unternehmen aktiv am Leben erhalten oder zumindest geduldet. Vom bloßen Zuschauen hat sich aber noch nie etwas verändert.

Vom bloßen Zuschauen hat sich aber noch nie etwas verändert.

Erst kürzlich haben mir einige Manager:innen eines Welt-Konzerns darüber berichtet, dass sie bestimmte Präsentationen und Berichte noch selbst präsentieren, weil das entsprechend höher gestellte Führungspositionen aus Gründen des Respekts so erwarten. Dabei haben mir die Manager:innen bestätigt, dass das Ergebnis vermutlich deutlich besser wäre, wenn die wirklichen Expert:innen direkt gehört würden. Und dennoch spielen sie das Spiel mit, weil sie in der nächsten Gehalts- oder Beförderungsrunde sonst eventuell nicht mehr beachtet werden. Sie sehen sich also selbst in einem Dilemma. Selbst wollen sie gesehen werden, um nicht unterzugehen und im gleichen Zuge müssen die Expert:innen ebenso sichtbar gemacht und bei Laune gehalten werden.

Selbstverständlich kann ich die Gründe dafür nachvollziehen. Egal ob junge oder gestandene Führungskraft mit großem Erfahrungsbauch – alle wollen in ihrem System Karriere machen, etwas bewegen oder einfach nur überleben. Die Gefahr ist also groß, dass eventuelle Missstände nicht angesprochen oder gar beseitigt werden, weil es eventuell negative persönliche Konsequenzen bedeuten könnte. Und dann würden sie ja erst recht nichts mehr bewirken können. Doch mal ganz ehrlich, was kann denn im schlimmsten Fall wirklich passieren?

Unternehmen brauchen immer wieder neuen Input und Impulse, wenn sie sich weiterentwickeln und erfolgreich werden oder bleiben wollen. Deshalb haben erfolgreiche Führungskräfte längst erkannt, dass Disruption nur etwas Schlechtes ist, wenn andere das eigene Geschäft angreifen. Doch wenn das eigene Unternehmen innovativ und resilient sein soll, dann hilft keine Heerschar von Ja-Sager:innen und Wegducker:innen. Es braucht Menschen, die das eigene System reizen und infrage stellen, damit es sich bewegt.

Wie Professor Kruse es so schön formulierte, braucht es diverse Netzwerke von Menschen, die sich gegenseitig ausreichend stören, damit sie kreativ werden können. Harmonische Systeme sind dumme Systeme[1].

Wirklich erfolgreiche Führungskräfte schaffen entsprechende Rahmenbedingungen, dass Menschen einen Mehrwert stiften können. Sie haben erkannt, dass sie die Ecken und Kanten der Menschen nicht abschleifen dürfen, sondern sinnvoll nutzen können. Und das gleiche gilt auch für die eigenen persönlichen Eigenschaften. Unternehmen brauchen nicht eine x-te Kopie der

---

[3] Hier geht es zum passenden Video: https://www.youtube.com/watch?v=oyo_oGUEH-I

Manager:innen, die die aktuellen Systeme geschaffen und nun den Status quo erhalten wollen. Es braucht Menschen, die Führungsaufgaben übernehmen und nicht einfach das Business-Theater mitspielen.

Es braucht Führung, die inspiriert und motiviert, statt anzuweisen und zu kontrollieren. Es braucht Führung, die einen Sog schafft und nicht mit Druck arbeitet. Es braucht Führung, die individuelles Wachstum fördert statt künstliche Grenzen und Hierarchien zu schaffen. Es braucht Führung, die menschliche Beziehungen fördert, um gemeinsam etwas Größeres zu erreichen. Es braucht also Menschen, die sich wirklich mit dem Unternehmen, den Zielen und Werten identifizieren. Es braucht greifbare und nahbare Menschen, die für etwas stehen und mit denen sich andere Menschen auch emotional verbinden können. All das macht authentische Führung aus. Es braucht mehr Authentizität statt seelenlosem Einheitsbrei. Es liegt an dir, welche Rolle du dabei übernehmen möchtest.

Und hier kommt Jedership zum Tragen: Das Jedership-Prinzip INSIDE – OUT – IN hilft dir dabei, als Chef:in authentischer zu werden.

Jedership beschreibt drei verschiedene Wirkrichtungen von Führung:

1. führe dich selbst,

2. führe andere,

3. lass dich führen.

Du kannst es auch als drei Schritte verstehen, die sich letztlich immer wieder wiederholen, ohne Anfang und Ende. Diese drei Schritte des Jedership-Prinzips helfen dir auf deinem Weg zu einer authentischen Führungskraft.

Weil das Thema Authentizität und damit bedüfnisorientiertes und wertebasiertes Führen so extrem wichtig und grundlegend ist, habe ich mich dazu entschieden, dieses Thema zu vertiefen und als Spin-off von "Jedership – Warum Führung alle etwas angeht" zu veröffentlichen. Ich habe dieses Buch bewusst nicht als wissenschaftliche Abhandlung verfasst, auch wenn die einzelnen Punkte einen wissenschaftlich untersuchten Background haben. Ich habe vielmehr darauf Wert gelegt, dass du möglichst schnell ins Tun kommen kannst. Mir ist viel wichtiger, dass etwas in der Praxis funktioniert und nicht, dass es in der Theorie beweisbar ist. Daher teile ich mit dir meine Erfahrungen und Tools aus meinem (Berufs-)Leben, meine Beobachtungen in hunderten Trainings und die Essenz aus dem Austausch mit zahlreichen Teilnehmer:innen. Dementsprechend findest du Storys aus der Praxis und konkrete Umsetzungshilfen in diesem Buch.

Wie auch schon in "Jedership – Warum Führung alle etwas angeht" empfehle ich dir auch hier, einen Buddy zu suchen, mit dem du dich über die Inhalte und Übungen austauschen kannst. Gemeinsam ist die Wahrscheinlichkeit, dass ihr dran bleibt, bessere Erkenntnisse sammelt und letztlich erfolgreich seid, doch deutlich höher. Und es macht mehr Spaß. Außerdem ist es auch sehr interessant, etwas über andere Menschen zu lernen, was mit Jedership definitiv passieren kann.

Mehr Infos zum Jedership Buddy-Prinzip gibts hier: www.jedership.com

Du musst im KÖNNEN besser werden, nicht im Wissen.

Mir ist durchaus bewusst, dass du möglicherweise an einigen Stellen auf Bekanntes stößt oder die Tools und Methoden, die ich dir zeige, schon kennst. Letztlich geht es aber oft nicht ums Wissen, sondern um die Umsetzung. Du kennst einen bestimmten Aspekt schon? Super, dann reflektiere doch mal, wie du bisher damit umgegangen bist. Wie lief es? Was war gut? Was kannst du anders machen? Was hat dich eventuell abgehalten? Was muss passieren, damit es für dich (weiter) funktioniert?

Es kommt am Ende darauf an, dass du die Theorie in die Praxis umsetzt, um deinem Ziel, eine authentische Führungskraft zu werden, näher zu kommen.

Sollen wir loslegen?

Alex

Selbst. Bewusst. Führen. = Authentisch führen.

Wir leben in einer Welt, die sich in einem rasanten Tempo verändert. Wir leben in einer Zeit der Informationsflut, alternativer Fakten und Deep-Fakes; in einer Zeit, in der es nicht immer einfach ist, den Überblick und die Orientierung zu behalten. Es scheint, als jagt eine Neuerung die nächste. Es prasselt einfach unglaublich viel aus allen Richtungen auf uns und unsere Organisationen ein. Krisen erschüttern unsere Glaubenssätze und bedrohen den Status-quo. Wir alle sollten bereit sein, in unsicheren Zeiten auf unbekanntem Terrain zu navigieren – im privaten wie im beruflichen Umfeld. Kein Wunder, dass der Wunsch nach Orientierung und Stabilität immer weiter wächst.

In unseren Organisationen wird diese Aufgabe ganz explizit den Führungsebenen und -rollen zugeschrieben. Es ist eine der Hauptaufgaben von Führung, Orientierung zu geben. Alle Menschen im Unternehmen müssen zu jeder Zeit wissen, was zu welcher Zeit das Richtige ist. Das gilt für fachliche Themen aber eben auch für alle Punkte, die die Zusammenarbeit angehen. Und wenn richtig und falsch immer mehr zu schwammigen und beweglichen Gebilden werden, wird Glaubwürdigkeit zunehmend zum Pfund erfolgreicher Führung. Es ist also nur folgerichtig, dass das Thema Authentizität auch im beruflichen Umfeld einen immer höheren Stellenwert einzunehmen scheint.

Auch in meinen Trainings und Seminaren für (junge) Führungskräfte wird "authentisch sein" immer wieder als wesentlicher Erfolgsfaktor guter Führung genannt. Für viele Menschen muss eine Führungskraft einfach authentisch sein, damit sie als eine gute Führungskraft wahrgenommen wird. Authentizität wird dabei sehr oft in einem Atemzug mit Integrität und Vertrauen genannt.

Und tatsächlich habe ich selbst kürzlich auf die Frage, was mich an meinen bisherigen Chefs und Chefinnen am meisten gestört hat, folgendes geantwortet: "Mich hat es irritiert, wenn sich Chef:innen nicht authentisch verhalten haben."

Was ich damit meine? Diese Menschen haben gefühlt ständig ihre Meinungen geändert. Sie haben zwar in einem Moment A gesagt, später aber B gemacht. Sie waren wie nasse, glitschige Knete, die man einfach nicht greifen konnte. Je nachdem von wo der Wind kam, haben sie ihre Aussagen und Anweisungen aber auch Erwartungen geändert. Ich konnte einfach nicht sehen, wie ihre eigene Meinung oder was der eigene Standpunkt war. Ich konnte einfach nicht erkennen, welche Werte sie vertraten und welche Motive sie verfolgten. **Ich konnte schlicht nicht ergründen, was für Menschen es waren und wusste daher auch nicht, wie ich mit ihnen umgehen sollte.**

Anzeichen von fehlender Authentizität bei Führungskräften sind unter anderem:

- Meinungsänderungen,

- stete Änderung von Aussagen, Anweisungen und Erwartungen ans Team,

- keine klare Haltung erkennbar.

Ich kann mich sogar an einen Vorgesetzten, nennen wir ihn Paul, erinnern, den ich einfach irgendwann nicht mehr ernst nehmen konnte. Ich konnte Paul nicht mehr als meinen Chef akzeptieren oder ihm gar freiwillig folgen. Seine Aussagen und Handlungen waren für mich ab einem bestimmten Zeitpunkt nicht mehr nachzuvollziehen, nicht mehr glaubwürdig und zuverlässig. Paul wurde durch das viele Hin und Her – das "Bäumchen wechsel dich Spiel" – selbst unglaubwürdig und unzuverlässig. Paul war einfach alles andere als authentisch für mich, da er sich in bestimmten Situationen ganz anders verhielt, als ich es aufgrund seiner sonstigen Äußerungen erwartet hätte. Eine wirklich vertrauensvolle Zusammenarbeit wurde so erschwert.

Das löst fehlende Authentizität bei Teammitgliedern aus:

- sie nehmen die Führungskraft als unglaubwürdig und unzuverlässig wahr,
- sie haben mangelndes Vertrauen in Führungskraft,
- sie können die Führungskraft nicht mehr ernst nehmen,
- sie können die Chef:in nicht akzeptieren oder gar freiwillig folgen.

Ich möchte an dieser Stelle aber unbedingt klarstellen, dass Paul sicherlich zu keiner Zeit mit böser Absicht gehandelt hat. Ganz im Gegenteil. Er hatte ein großes Herz und war immer sehr bemüht, zu helfen und persönlichen Kontakt herzustellen. Ich gehe sogar fest davon aus, dass er wahrscheinlich aus einer guten Intention bestimmte Entscheidungen getroffen, nicht getroffen oder verbogen hat. Und ganz sicher war er sich dessen selbst gar nicht bewusst.

Für mich als junge Ausgabe meiner Selbst ergab sich daraus aber ein großes Dilemma. Mir fehlten zu dieser Zeit einfach noch Erfahrung, Wissen und Werkzeuge, um meinen Chef zu führen. Jedership habe ich erst Jahre später geschrieben ...

Ich fand mich also in einer Situation wieder, in der ich nicht wusste, wie ich damit umgehen sollte. Wenn sich der Wind mal wieder drehte, wurde mir Sicherheit und Orientierung genommen. So wusste ich zum einen nicht, ob meine Handlungen noch passend und richtig waren und zum anderen musste ich aufpassen, dass ich in bestimmten Situationen meinen Chef und damit eine für mich wichtige Bezugsperson nicht in die Pfanne hauen würde.

Es war ein großes Dilemma für mich, dass ich das Thema nicht einfach ansprechen konnte, um das Problem zu lösen. Das hohe Maß an Unsicherheit und der resultierende Mangel an Vertrauen in meinen Chef, machte es mir nämlich sehr schwer, offen und ehrlich zu sein. Ich machte mir schlichtweg Sorgen um mögliche Konsequenzen. Mir schien nichts unmöglich, wurde ich ja bis dato schon das ein oder andere Mal von Paul überrascht.

Und so böse es klingen mag, aber aus dieser Situation konnte ich damals nur durch einen Wechsel der Führungskraft erlöst werden. Lediglich das Verlassen des Unternehmens wäre noch eine weitere praktikable aber sicher nicht die beste Lösung gewesen. Und da ist es wieder. Mitarbeiter verlassen ihre Führungskraft, nicht das Unternehmen. In diesem Fall hätte das auch auf mich zugetroffen.

Auswirkungen von fehlender Authentizität bei Führungskräften:

- Verlust von Offenheit gegenüber Führungskraft,

- schlechtes Feedback von hinterrücks, z.B. im 360 Grad Feedback,

- schlechte Stimmung, Motivation und Performance aller Beteiligten,

- Menschen verlassen das Unternehmen.

Ich bin überzeugt davon, dass ähnliche Situationen zu Hauf in vielen Unternehmen in der Welt existieren. Es gibt unzählige Menschen, die sich in einem ähnlichen Dilemma befinden, wie ich damals. Damit gibt es mindestens ebenso viele Führungskräfte, die sich der negativen Konsequenzen möglicherweise nicht einmal bewusst sind. Das bedeutet dann letztlich für viele Unternehmen hohe direkte Kosten durch personelle Fluktuation und gleichzeitig indirekte Verluste durch mögliche Opportunitätskosten aufgrund von internen Konflikten, schlechtem Arbeitsklima und daraus resultierender niedriger Produktivität.

Negative Folgen mangelnder Authentizität aus Sicht der Unternehmen

- hohe direkte Kosten durch personelle Fluktuation,

- gleichzeitig indirekte Verluste durch mögliche Opportunitätskosten aufgrund von internen Konflikten, schlechtem Arbeitsklima und daraus resultierender niedriger Produktivität.

Damit es bei dir aber gar nicht erst soweit kommt und dich deine Teammitglieder als unauthentisch wahrnehmen, kannst du aktiv etwas tun:

- Du kannst selbst daran arbeiten, dass dich deine Mitmenschen als authentisch und integer wahrnehmen.

- Du kannst selbst etwas dafür tun, damit dir andere Menschen vertrauen, sich auf dich verlassen und dir andererseits loyal zur Seite stehen.

- Du kannst einen wesentlichen Beitrag dazu leisten, wie deine Beziehungen zu anderen Menschen aussehen und wie die Zusammenarbeit funktioniert.

Du kannst einen wesentlichen Teil zum Erfolg deines Teams und deiner Firma beitragen. Dein authentisches Auftreten und Sein wirkt sich nämlich positiv auf das Arbeitsklima und damit auch auf die Motivation, das Commitment, das Engagement und damit die Leistung der Menschen um dich herum aus. Gleiches gilt sogar für dich selbst. Authentische Menschen sind selbstbewusster und selbstwirksamer, da sie weniger an sich zweifeln und wissen, was sie (nicht) wollen. Auf lange Sicht haben authentische Menschen deshalb auch mehr Spaß und weniger Stress und werden zum Vorbild für andere Menschen.

Lass uns zunächst etwas konkreter auf die Definition von Authentizität eingehen, bevor ich dir zeige, was du konkret tun kannst, damit du selbst als authentisch wahrgenommen wirst.

Das Wort "authentisch" bedeutet ehrlich, echt, wahr und unverfälscht. Aber eben auch verlässlich oder glaubwürdig. Das sind alles Eigenschaften, die wichtige Voraussetzungen für Vertrauen sind. Und da Vertrauen der Kit zwischen Menschen ist, ist Authentizität so hoch im Kurs – egal ob im privaten oder beruflichen Umfeld.

Insbesondere, wenn es um Zusammenarbeit und Führung geht, ist Vertrauen essentiell. Oder hast du schon mal gern und auch erfolgreich mit einer Person zusammengearbeitet, der du misstraut hast oder auf die du dich nicht verlassen konntest?

Manchmal wird in dem Zusammenhang auch das Wort Integrität genannt. Integrität meint die Übereinstimmung zwischen den inneren Idealen und Werten und der sichtbaren Praxis.

Der Begriff Authentizität kann auch noch etwas differenzierter als Besitz der eigenen Erfahrung und dem dazu passenden Verhalten beschrieben werden. Es geht also darum sich seiner selbst bewusst zu sein; also seine Werte, Bedürfnisse und Motive zu kennen und ein dazu passendes Verhalten zu zeigen. Deshalb wird Authentizität auch als innere Stimmigkeit bezeichnet. Wenn der Zusammenhang zwischen Sein und Handlung direkt erkennbar ist, bezeichnen wir das gern als authentisches Verhalten. Die Handlung wird dabei vom Menschen selbst entschieden und ist nicht durch äußere Einflüsse bestimmt.

Du bist authentisch, wenn du:

- dir deiner Bedürfnisse, Werte, Motive, Stärken und Schwächen bewusst bist und dazu stehst,

- unabhängig von äußeren Einflüssen entsprechend dazu handelst und
- du dein wahres Selbst sichtbar machst.

Die Definition von Authentizität lässt sich auch ganz wunderbar auf das Jedership-Prinzip mappen:

Die gute Nachricht ist also, dass wenn du dem Jedership-Prinzip folgst, du auch authentischer wirst. Denn ganz unweigerlicher sind deine Erkenntnisse über dich selbst (INSIDE) mit deinem Agieren (OUT) und Reagieren (IN) verbunden. Selbst. Bewusst. Führen. Die

Erfahrungen, die du dabei machst, haben schließlich wieder eine Wirkung auf dein Inneres.

Da das Jedership-Prinzip ein in sich geschlossenes Feedback-System ist, wirst du dein Handeln immer mehr auf dein Sein abstimmen. Ganz einfach, weil es dir dadurch insgesamt besser geht. Und genau diese Übereinstimmung, dein bewusstes Handeln, werden deine Mitmenschen als Authentizität wahrnehmen. Die Menschen um dich herum werden dich als authentisch bezeichnen, weil sie eine Person sehen, die:

- Bedürfnisse, Werte und Motive transparent macht, um verstanden zu werden.

- transparent ist über die eigenen Motive und keine Hidden Agenda hat.

- zu ihren Werten steht, für diese einsteht und im Einklang mit ihnen handelt und Entscheidungen trifft.

- entsprechend ihrer Rolle handelt und den Erwartungen gerecht wird.

- Absprachen und Versprechen einhält.

- aufrichtig, offen und ehrlich in Kontakt mit anderen ist.

- zu Fehlern steht.

- Macht und Einfluss nicht als Selbstzweck sieht sondern, um damit etwas positiv zu gestalten.

Je intensiver du dich mit dir selbst auseinandersetzt, je besser du dich kennst, je mehr Erfahrungen und Feedback du sammelst, desto mehr wirst du daran wachsen und dir selbst treu sein können. **Du wirst ein Teil deines Inneren nach außen kehren und dadurch im positiven Sinne berechenbarer, weil alle wissen, woran sie bei dir sind.** Das bedeutet aber nicht, ungefiltert Launen und Emotionen auszuleben. Die eigenen Werte, Bedürfnisse, Wünsche, und Motive darfst du aber gern an passender Stelle teilen, weil du dadurch dafür sorgst, dass andere Menschen dein Handeln besser nachvollziehen und verstehen können. Du wirst dadurch verlässlicher und mehr Vertrauen genießen. Du wirst so auch in stürmischen Zeiten Orientierung geben und Sicherheit ausstrahlen können, da du nicht beim kleinsten Gegenwind einknicken wirst. Das sorgt für Verlässlichkeit und ist insbesondere in unsicheren Zeiten hilfreich.

Beim authentischen Führen geht es darum, in einem bestimmten Kontext aus moralischer und operativer Sicht das Richtige zur richtigen Zeit zu tun. Dein Handeln zahlt dabei auf das Big Picture, die Vision des Unternehmens ein, persönliche Vorteile sind nicht der alleinige Treiber. Sobald du dich wie ein Fähnchen im Wind windest und die eigenen Überzeugungen über Bord wirfst oder lügst, wenn du negative Konsequenzen befürchtest, handelst du fremdgesteuert. Taktisches Handeln steht dabei übrigens nicht im Widerspruch zu authentischem Führen, sofern du den eigenen Werten treu bleibst.

Letztlich geht es beim authentischen Führen darum, Bedürfnisse und Werte von Innen und Außen zu berücksichtigen und durch darauf abgestimmtes Handeln größtmögliche Win-Win-Situationen zu schaffen.

Authentisch führen, bedeutet bedürfnisorientiert zu führen.

Mit dem Jedership-Prinzip zu mehr Authentizität

Bevor ich in den nachfolgenden Kapiteln darauf eingehe, wie dir das Jedership-Prinzip dabei helfen kann, authentischer zu werden, möchte ich dir noch mal das Prinzip an sich in Erinnerung rufen bzw. vorstellen, falls du das Buch "Jedership – Warum Führung alle etwas angeht" noch nicht gelesen hast.

Das Jedership-Prinzip besteht aus drei ganz einfachen Schritten, die sich kontinuierlich wiederholen und beeinflussen. Genau so, wie sich im Kontakt mit unserer Umwelt auch ständig alles und alle gegenseitig beeinflussen. Es geht bei Jedership darum, im Kontext von Führung drei unterschiedliche Wirkrichtungen zu betrachten und zu nutzen.

Führung findet in jeder zwischenmenschlichen Beziehung statt.

Führung ist dabei nicht allein auf den Job-Kontext bezogen. Führung findet in jeder zwischenmenschlichen Beziehung statt – egal, ob wir uns im Job oder im privaten Umfeld befinden. Es ist das Spiel von Aktion und Reaktion. Das Geheimnis liegt nun darin, genau das zu erkennen und sich sein eigenes Verhalten bewusst zu machen, es zu reflektieren und gezielt zu verändern, damit auch das Umfeld eine

Chance hat, sich zu verändern. Es geht um mehr Bewusstsein auf den drei unterschiedlichen Ebenen: INSIDE – OUT – IN.

INSIDE

Sicher kennst du den Satz: "Wer andere führen will, muss sich selbst erstmal führen." Und genau diese Wirkrichtung wird im ersten

Jedership-Schritt INSIDE betrachtet. Es geht um Selbsterkenntnis und daraus resultierend um Selbstführung.

Das bedeutet zunächst, dass du mehr Bewusstsein über dich selbst erlangen solltest. Daher machst du dir explizit, was deine Bedürfnisse, Werte, Wünsche und Leitmotive sind. Wo willst du im Leben und im Job hin, was willst du erreichen und wie willst du das erreichen? Was ist dir wirklich wichtig?

Der Vorteil ist schnell erklärt, die Umsetzung ist aber ein Prozess. Je klarer du dir in diesen Punkten bist, umso einfacher, kannst du sie auch verfolgen, umsetzen und erreichen. Es wird dir sehr viel leichter fallen, dir selbst Orientierung zu geben. Du wirst dir sehr viel leichter und zielgerichteter für dich passende Rahmenbedingungen schaffen können. Dadurch wirst du selbstbewusster, selbstwirksamer und auch zufriedener sein. Und das alles, weil du die Verantwortung für dich übernimmst und dich selbst führst.

Die Wirkrichtung von Führung lautet hier: ICH → ICH

OUT

Analog zur Selbstführung steht im zweiten Jedership-Schritt OUT die Führung anderer Menschen im Fokus. Es geht also um die Art von Führung, die du wahrscheinlich direkt im Kopf hast, wenn du an Führung oder Leadership denkst.

Bei OUT geht es darum, dass du aus deiner Führungsrolle heraus die Aufgabe hast, Rahmenbedingungen für andere so zu gestalten, dass sie tun können, was immer zu tun ist, um euer gemeinsames Ziel zu erreichen. Dein Fokus sollte darauf liegen, ein Umfeld zu erschaffen, in dem Menschen gern arbeiten. Dafür solltest du in der Lage sein, Motivation, Fähigkeiten und Erwartungen zu orchestrieren.

In OUT geht es zunächst um das Verstehen der Bedürfnisse und Leitmotive aller Beteiligten. Erst danach kannst du auf euer gemeinsames Ziel ausgerichtete Maßnahmen ableiten und umsetzen.

Die Wirkrichtung von Führung lautet hier: ICH → DU

IN

Beim Jedership-Prinzip wird Führung im Kreis gedacht. Alles beginnt und endet bei dir. Denn selbstverständlich übst nicht nur du Einfluss und damit Führung auf dein Umfeld aus. Deine Umwelt und damit jeder Mensch um dich herum beeinflusst und führt natürlich auch dich. Du hast dabei natürlich nicht komplett in der Hand, auf welche Art und Weise dies geschieht, aber du kannst es durch Rückkopplung zumindest beeinflussen und du hast die Kontrolle darüber, wie du mit den Reizen deiner Umwelt umgehst. Genau darum geht es im Schritt IN.

Die Wirkrichtung von Führung lautet hier: DU → ICH

INSIDE – OUT – IN ∞

Wie du siehst, sind die Schritte schnell erklärt, aber tatsächlich braucht es etwas Arbeit und Anstrengung und auch Disziplin, um sie umzusetzen. Zudem ist es kein linearer Plan, den du einfach einmal ausführst. Die drei Schritte des Jedership-Prinzips wiederholen sich kontinuierlich. Das ist Führung im Kreis gedacht. Lass uns deshalb direkt die drei Perspektiven des Jedership-Prinzips gemeinsam anwenden, damit du als Chef:in noch authentischer, selbstwirksamer und erfolgreicher wirst.

Authentische Führung, Schritt I: INSIDE

"Sei der Chef, den du selbst gern gehabt hättest" ist ein Leitsatz von mir, wann immer ich mich in einer Führungsrolle befinde. Egal, ob ich nun offiziell der Chef bin oder eine laterale Führungsrolle innehabe. Egal ob für mein eigenes Business oder als externer Berater – ich frage mich, welche Erwartungen ich selbst an diese Rolle und den Menschen in eben dieser hätte.

- Wie sähe das aus, wenn ich mich klonen würde und die Medaille von beiden Seiten – Führender und Folgender – sehen könnte?

- Was müsste ich also tun, damit ich selbst meinen Erwartungen gerecht werden würde?,

- Welches Verhalten würde ich zeigen oder unterlassen müssen?

- Welche Kompetenzen und Fähigkeiten müsste ich mitbringen?

- Welches wären die Kriterien, damit ich mich selbst als den besten Chef bezeichnen würde?

Niemand wird als Leader geboren, wir alle habe diese Verantwortung, wir alle können es lernen. Zu Beginn steht aber, dass wir lernen, uns selbst zu führen. Im ersten Schritt des Jedership-Prinzips betrachten wir daher zunächst dich. Es geht um deine Werte, deine Bedürfnisse, deine Wünsche, deine Sorgen, deine Nöte, deine Stärken, deine Schwächen ... All das zu benennen, sieht zunächst nach einer einfachen und schnellen Nummer aus, entpuppt sich aber häufig als gar nicht so leicht zu bewältigende Aufgabe.

> „The hardest person you will ever have to lead is yourself."
>
> – Bill George

Je nachdem, wie lange du dich schon mit dir selbst beschäftigst, wie reflektiert du bist und wie oft du ähnliche Übungen schon gemacht hast, wird der Punkt INSIDE des Jedership-Prinzips mehr oder weniger fordernd und möglicherweise auch überraschend sein. Und selbst wenn du einige Antworten direkt aus der Schublade ziehen kannst, ist die Erkenntnis über dich selbst wohl eher ein Prozess und kein Zustand. Da du dich kontinuierlich in einer sich fortwährend wandelnden Umwelt bewegst, bleibt es nicht aus, dass du immer wieder eine Veränderung oder eine neue Seite an dir entdecken wirst.

Die Erkenntnis über uns selbst ist ein Prozess und kein Zustand.

Was dich leitet und antreibt sind deine Bedürfnisse und Werte

Im Zusammenhang mit deinem authentischen Auftreten stehen ganz besonders deine Bedürfnisse und Werte im Fokus der Betrachtung, da sie dein Handeln und damit direkt die Außenwahrnehmung prägen. Beide zusammen bestimmen nämlich in hohem Maße, wie du dich in bestimmten Situationen verhältst und welche Entscheidungen du triffst.

Dementsprechend hängt also deine Authentizität davon ab, wie sehr andere Menschen einen direkten Bezug zwischen deinen nach außen kommunizierten Bedürfnissen und Werten auf der einen und den konkreten Handlungen und Entscheidungen auf der anderen Seite herstellen können. Damit dies auch gelingt, solltest natürlich du selbst erstmal wissen, welche Werte und Bedürfnisse dir wichtig sind, damit du dein Handeln dann entsprechend danach ausrichten kannst. Logisch.

Die Unterscheidung von Werten und Bedürfnissen ist dabei nicht immer ganz so einfach und zu 100% trennscharf, wie es möglicherweise auf den ersten Blick scheint. Beide werden deshalb oft in einen Topf geworfen. Das liegt auch daran, dass unsere Sprache für die Beschreibung unserer Erfahrungen, Gedanken und Emotionen oft nicht ausreichend ist. Ich habe selbst ziemlich lange einen Knoten im Kopf gehabt und eine ausführliche Recherche gebraucht, um eine für mich schlüssige Definition und Abgrenzung zu finden, die ich dir nun etwas näher erläutere.

Deine Werte und Bedürfnisse wirken letztlich beide wegweisend auf dein Denken und Handeln, haben aber ganz unterschiedliche Wurzeln. Um zu verdeutlichen, wo der Unterschied von Werten und Bedürfnissen liegt, nutze ich mittlerweile gern das 4-Quadranten-Modell von Kenneth "Ken" Wilber, der sich intensiv mit der integralen Theorie auseinandersetzt[2]. Ich verstehe Modelle wie

[2] https://www.integralesforum.org/medien/integrale-bibliothek/theorie-grundlagen/4823-ken-wilbers-integrale-theorie-und-praxis-eine-einfuhrung-2

dieses als einen pragmatischen Ansatz, um die Welt etwas greifbarer und verständlicher zu machen. Für mich ist vor allem wichtig, dass sie mir helfen und nützlich sind und erst danach spielt es eine Rolle, wie anerkannt bestimmte Modelle und Theorien in der Fachwelt sind.

Im 4-Quadranten-Modell werden vier Kombinationen von Perspektiven auf unsere Welt aufgezeigt, die im Modell auf 2 Achsen abgebildet sind. Demnach können wir alles aus einer individuellen oder kollektiven und aus einer inneren oder äußeren Perspektive betrachten.

Wir haben also Quadrant I, welcher die individuell-innere Perspektive umfasst, Quadrant II mit der individuell-äußeren Perspektive, Quadrant III mit der kollektiv-inneren und schließlich Quadrant IV mit der kollektiv-äußeren Perspektive. Die kollektive Ebene können wir auch das systemische Ebene nennen, da wir immer in einer Wechselbeziehung zu den uns umgebenden Systemen stehen.

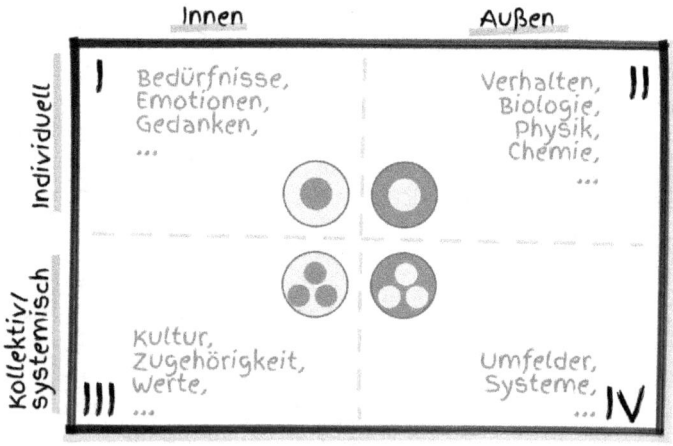

Bedürfnisse

Bedürfnisse sind im Quadranten I anzusiedeln. Die Wahrnehmung von Bedürfnissen befindet sich also auf einer individuell-inneren Ebene. Bedürfnisse finden komplett in dir statt und beinhalten dabei keinen Bezug zur Außenwelt. Das bedeutet, dass sie auch mit keinen konkreten Personen, Orten oder Zeiten verknüpft sind. Bedürfnisse sind universell und können von jedem Menschen unabhängig der Herkunft und Kultur nachvollzogen werden. Manchmal wird auch von Grundbedürfnissen gesprochen, die alle Menschen haben. Dazu zählen sämtliche Dinge, die unsere Existenz auf physischer und psychischer Ebene sichern.

In der Gewaltfreien Kommunikation, kurz GfK, nach Marshall Rosenberg wird zum Beispiel davon ausgegangen, dass alle Menschen grundsätzlich die gleichen Bedürfnisse haben. Bedürfnisse sind die Triebfeder hinter allem, was du tust. Alle unsere Handlungen sind darauf ausgerichtet, unsere eigenen Bedürfnisse zu erfüllen. Bedürfnisse sind also der Grund, warum du für dich und für andere tust, was du tust.

Die Grundannahme lautet, dass die Befriedigung deiner Bedürfnisse zu deinem Wohlbefinden beiträgt. Deine Bedürfnisse sind die Antwort auf die Frage, was du als Mensch wirklich brauchst. Bedürfnisse werden dabei ganz individuell verstanden und sind immer wahr und niemals falsch. Sie müssen sich lediglich für dich stimmig anfühlen.

Übrigens sind meist nicht unterschiedliche Bedürfnisse Ursache für Konflikte zwischen Menschen, sondern die gewählte Erfüllungsstrategie. Aber dazu später mehr.

Manche Experten (Beispiel Max-Neef) gehen übrigens davon aus, dass Bedürfnisse gleichberechtigt nebeneinander stehen, andere sagen, dass es eine gewisse Hierarchie gibt, in der die Erfüllung einiger Bedürfnisse die Voraussetzung für die Erfüllung anderer Bedürfnisse sind (Maslow). Ich habe dir hier mal ein paar Beispiele für Bedürfnisse nach Maslow und Max-Neef aufgezählt.

Die 9 Grundbedürfnisse nach Manfred Max-Neef:

- **Überleben** – materielle Lebensgrundlage ...
- **Sicherheit** – Geborgenheit, Solidarität ...
- **Liebe** – Selbstachtung, Familie, Freundschaft ...
- **Verständnis** – Neugier, Lernen ...
- **Teilnahme** – Kooperation, Gemeinschaft ...
- **Muße** – Ruhe, Spielen, Spaß ...
- **Kreativität** – etwas schaffen, produktiv sein ...
- **Identität** – sich abgrenzen, sich selbst verwirklichen ...
- **Freiheit** – Freiraum, Autonomie ...

Bedürfnisse nach Abraham H. Maslow:

- **Physiologische Bedürfnisse** – Durst, Hunger, Schlaf, Sexualität ...
- **Sicherheitsbedürfnisse** – Stabilität, Zuverlässigkeit, Ordnung ...
- **Soziale Bedürfnisse** – Zuneigung, Kontakt, Liebe, Geborgenheit, Zugehörigkeit ...
- **Individualbedürfnisse** – Erfolg, Anerkennung, Respekt, Selbstbestätigung ...
- **Selbstverwirklichung** – Ausschöpfung des eigenen Potentials, Selbstentfaltung ...

Manchmal finde ich die Diskussion, wer nun Recht hat mit den Bedürfnissen etwas zu wissenschaftlich und theoretisch und eher verwirrend und im praktischen Einsatz für mich nicht besonders hilfreich. Daher mein Tipp für dich: erforsche deine eigenen Bedürfnisse intensiv, mache sie dir bewusst und finde Worte dafür, damit du sie anderen erklären kannst. Mach dich also möglichst frei von den Theorien und lass dich davon auch nicht irritieren. Höre beim Entdecken deiner Bedürfnisse auf deine Gefühle, denn **erfüllte oder unerfüllte Bedürfnisse sind die Ursachen für unsere Emotionen**. Aber dazu kommen wir später noch.

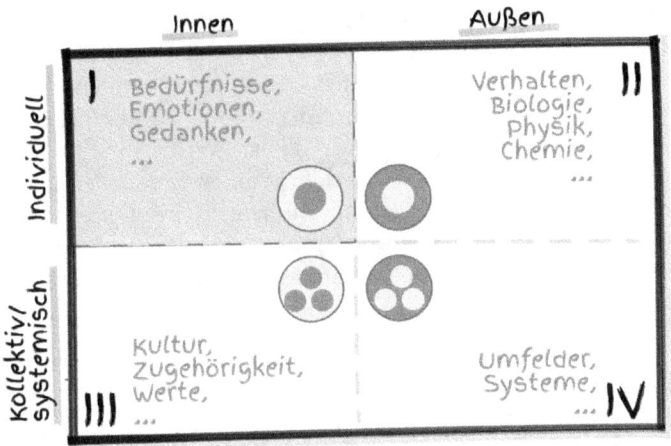

Interessanterweise beeinflussen alle anderen Quadranten aus dem Modell auch die Betrachtung unserer Bedürfnisse. Alles ist voneinander abhängig und steht in Wechselbeziehungen. Das Individuum beeinflusst das Kollektiv und umgekehrt. Die Umwelt beeinflusst alle und wird von allen beeinflusst. Und auch die Wichtigkeit und selbst die Worte für die Beschreibung unseres Inneren wird uns von der Gemeinschaft vorgegeben und entsteht nicht allein aus uns heraus. Haben eventuell alle Menschen die gleichen Bedürfnisse, lassen unterschiedliche Kulturen aber das

"Entdecken" bestimmter Bedürfnisse in unterschiedlichem Maße zu. So kann es sein, dass den Menschen in einer Kultur, in der Gemeinschaft ein hoher Wert ist, das Bedürfnis nach individualität nicht besonders präsent ist. Dies zeigt auch, warum es so schwierig ist, Bedürfnisse und Werte exakt voneinander zu trennen.

Wenn Bedürfnisse langfristig nicht erfüllt werden, hat das negative Konsequenzen ganz unterschiedlicher Art. Bei körperlichen Grundbedürfnissen ist das sehr offensichtlich. Aber auch die Vernachlässigung von Bedürfnisse auf der psychischen Ebene kann sich letztlich in Krankheiten manifestieren – psychisch und physisch. Aus diesem Grund geht die GfK ja auch davon aus, dass all unser Handeln die Befriedigung unserer Bedürfnisse zum Ziel hat. Daher können andere Menschen dich und dein Verhalten auch besser verstehen und einordnen, wenn sie auch etwas über deine Bedürfnisse und deren Gewichtung wissen. Deine Bedürfnisse haben zu jeder Zeit einen Einfluss auf dein Verhalten. Je bewusster du dir dieser bist, desto einfacher fällt es dir auch, dein Verhalten zu reflektieren und anzupassen, um authentischer zu werden. Zum anderen, kann auch deine Umwelt dein Verhalten in bestimmten Situationen besser nachvollziehen. Du wirst also auch für andere Menschen authentischer.

Werte

Der andere Entstehungs- bzw. Entdeckungsprozess der Werte ist der Hauptunterschied zu unseren Bedürfnissen. Dementsprechend sind Werte im 4-Quadranten-Modell im Quadranten III angesiedelt.

Werte sind quasi das kollektive Pendant zu den individuellen Bedürfnissen, die wir nun eingebettet im Kontext einer Gruppe für wichtig und für erstrebenswert erachten, welche uns zusammenschweißen und gemeinsam motivieren sollen. Werte sind Eigenschaften und Verhaltensweisen, die in einer Gruppe als moralisch gut anerkannt werden. Wie der Name schon sagt, sprechen wir im Kollektiv bestimmten Dingen, Eigenschaften und Handlungen einen besonderen Wert zu. Werte dienen oft als

Ausdruck von Verhaltensregeln und stecken ein gemeinsames Spielfeld ab.

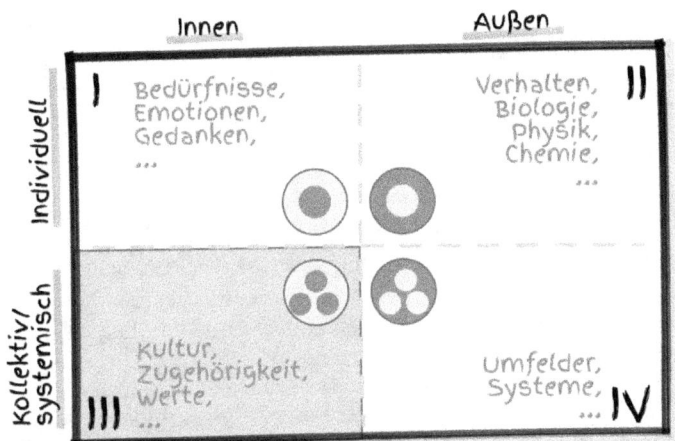

Es mag etwas wortklauberisch klingen, aber du hast also auf individueller Ebene Bedürfnisse aber keine Werte. Du stimmst Werten auf kollektiver Ebene lediglich zu oder lehnst sie ab. In stürmischen Zeiten helfen sie dir wie ein Kompass, deinen für dich richtigen Weg zu finden und dir selbst treu, also authentisch zu bleiben. Sie dienen dir wie der Polarstern als Orientierung in der Gruppe und in deinem Leben, da sie das ausdrücken, was in deinem Umfeld als richtig und wichtig eingestuft wird.

Im Grunde kannst du es so sehen: **Werte beschreiben aus einer Gruppe heraus wünschens- und erstrebenswerte Verhaltensregeln und Rahmenbedingungen.** Sie geben den Menschen in der Gruppe eine Orientierung, was richtig und wichtig ist – im Kollektiv, aber auch im eigenen Leben.

Gemeinsame und geteilte Werte wirken damit als starke Verbindung zwischen Menschen. Sie sind quasi eine gemeinsam definierte

Erwartungshaltung aller Beteiligten. Werte vermitteln dadurch Sicherheit bezüglich des zu erwartenden Verhaltens. Stimmen Werte und Verhalten überein, spricht das für Integrität und Authentizität und hat somit einen positiven und vertrauensfördernden Effekt auf die Beziehung. Menschen, die ihren Werten folgen und sich entsprechend verhalten, nehmen wir dann eben als authentisch wahr, weil sie Innen und Außen für uns erkennbar in Einklang bringen.

Anders als Bedürfnisse haben deine persönlichen Werte und deren Rangfolge ihren Ursprung also in deiner Umgebung. Sie werden durch deine Umwelt und Erziehung entscheidend geprägt. Deine Werte sind dabei stark abhängig von unseren Lebensumständen und der Kultur, in der du dich befindest. Sie sind also nicht universell und tragen damit auch ein gewisses Konfliktpotential in sich.

Wann immer du dich mit Werten beschäftigst, geh davon aus, dass andere Menschen etwas anderes unter dem gleichen Wort verstehen. Dabei kommt es eigentlich gar nicht so sehr auf das Wort an. Viel wichtiger ist die Herleitung und das tiefere Verständnis, vor allem auch wann und wie bestimmte Werte erfüllt oder verletzt werden können. Der Austausch darüber hilft anderen Menschen, dich besser zu verstehen und beugt Missverständnissen vor. Sie bekommen so ein viel klareres Bild von dir und können dein Verhalten für sich besser einordnen.

Aber auch dir selbst geht es besser, wenn du dir und deinen Werten treu bleibst, da sie dir wichtig und für dich richtig sind. Befindest du dich allerdings in einem Umfeld, in dem du dauerhaft unauthentisch sein musst, löst dies über kurz oder lang inneren Stress in dir aus und wird dich als Folge dessen auch körperlich krank machen. Authentizität ist also sowohl nach außen als auch nach innen unverzichtbar.

Strategien als Erfüllungsgehilfen

Eng verknüpft mit deinen Werten und Bedürfnissen, sind deine bewussten und unbewussten Strategien, die dir helfen, diese zu erreichen oder zu befriedigen. Eine Strategie ist dabei die sichtbare Handlung, mit der auf ein oder mehrere Bedürfnisse oder Werte eingezahlt werden soll. Grundsätzlich solltest du davon ausgehen, dass es immer eine Vielzahl von Strategien gibt, um das gleiche Ziel zu erreichen. Das Ergebnis bleibt das gleiche, aber der Weg dorthin ist variabel. Funktioniert die eine Strategie nicht, probierst du es einfach mit einer anderen.

Spannend ist, dass die Erfüllung deiner Bedürfnisse und das Befolgen deiner dir wichtigen Werte nicht unbedingt gleich gewichtet sein muss. Dabei frisst das Bedürfnis meist den Wert. Das heißt also, dass du zwar einem Wert wie Pünktlichkeit zustimmst, im Zweifel aber später zu einem Meeting kommst, weil du hungrig

Das Bedürfnis frisst im Zweifel den Wert.

bist und dieses Bedürfnis erfüllen willst, indem du dir eine Mittagspause einräumst. Hierdurch geraten Wert und Bedürfnis indirekt über die gewählte Strategie des Hungerstillens in einen Konflikt. Genausogut könntest du auch einen Zwischenstopp beim Bäcker deines Vertrauens einlegen und auf dem Weg essen und es dadurch zur vereinbarten Zeit zum Meeting schaffen. Andere Strategie, keine Konflikte, und sogar ein besseres Resultat.

Du kannst und solltest also deinen Werten und Bedürfnissen treu bleiben, aber in der Strategie flexibel sein und nach Alternativen Ausschau halten. Du solltest also immer wissen, wozu du eine Strategie brauchst, da sie einfach nur Mittel zum Zweck ist.

Überprüfe deshalb kritisch, ob deine Strategie passt. Frage dich also ganz konkret:

- Welche Bedürfnisse und Werte sind außerdem involviert?
- Welche Auswirkungen hat deine Strategie auf diese?
- Was, wenn die Strategie nicht funktioniert, weil sie sich nicht mit deinen Bedürfnissen oder Werten verträgt oder schlicht, weil sie nichts taug?
- Was ist, wenn der Weg, den du gewählt hast, nicht richtig ist und es keine Möglichkeit gibt die Strategie umzusetzen?

Du solltest es vermeiden, eine konkrete Strategie zum Ziel deines Handelns zu machen. Scheitert die Strategie und du siehst keine Alternative, kann dich das in einen inneren Konflikt und eine tiefe Krise stürzen. Wenn nicht der Weg dein Ziel ist, dann solltest du dich auch nicht an eine konkrete Strategie klammern.

Wenn nicht der Weg dein Ziel ist, dann solltest du dich auch nicht an eine konkrete Strategie klammern.

Die Krise ist vom Wunsch abhängig

Neulich hat mir jemand von seiner Tochter berichtet, die unbedingt Ärztin werden möchte und schon in ihren jungen Jahren alles daran setzt, genau das zu erreichen. Hobbys, Freunde und sonstige Aktivitäten werden dem Ziel untergeordnet. Sie setzt sich dabei selbst stark unter Druck, da die Anforderungen an angehende Ärzte bekanntlich sehr hoch sind.

Das Engagement in allen Ehren, doch was, wenn das Mädchen wirklich alles darauf ausrichtet und ihr ganzes Leben umkrempelt, getrieben vom Wunsch, Ärztin zu werden? Was, wenn sich alles nur noch darum dreht? Wenn der Wunsch den Lebensmittelpunkt einnimmt? Und was, wenn etwas dazwischen kommt? Was, wenn es am Ende doch nicht reicht und andere Menschen zur richtigen Zeit einen etwas besseren Numerus Clausus haben?

Ich hoffe, dass das Mädchen irgendwann noch das eigentliche Bedürfnis oder den Wert hinter ihrem Ziel bzw. Wunsch erkennt. Denn nur dann hat sie im Falle eines Falles die Möglichkeit, einer schweren Sinnkrise zu entgehen. Denn erst wenn "Arzt sein" nur noch eine Strategie ist und nicht mehr das Ziel, kann die Strategie auch gewechselt werden. Vielleicht ist das eigentliche Bedürfnis ja, etwas Gutes zu tun, etwas beizutragen, für Gesundheit zu sorgen oder aber es geht um Menschlichkeit und Mitgefühl. Der Unterschied liegt darin, dass es für all diese Bedürfnisse unterschiedliche Wege gibt, sie zu befriedigen. Arzt ist dabei nur ein möglicher Weg.

Und selbst wenn das Mädchen aus diesem Beispiel es wirklich schafft, Ärztin zu werden, heißt das ja noch lange nicht, dass sie dadurch glücklich und zufrieden wird.

> Möglicherweise erfüllt dies nicht das entscheidende Bedürfnis. Möglicherweise verrennt sie sich darin und merkt es erst, wenn sie das Ziel erreicht hat.
>
> Nun aber wieder zu dir. Wie oft hast du dir selbst schon Ziele gesetzt, bei denen du dir nicht ganz sicher bist, wozu sie dir dienen? Verfolgst du vielleicht in diesem Moment eine Strategie, die gar nicht auf eines deiner Bedürfnisse einzahlt? Frage dich doch mal ganz konkret, welche Ziele du dir gesetzt hast. Was passiert wenn? Hier eine kleine Hilfestellung:
>
> **Wenn ich ... erreiche dann passiert ... und das zahlt ein auf mein Bedürfnis nach ... .**

Schwierig wird es übrigens auch, wenn du versehentlich externe Faktoren in deine Beschreibung eines deiner Bedürfnisse "einwebst", da du so direkt bei einer Strategie bist. Wenn du also beim Reflektieren eines deiner Bedürfnisse feststellst, dass darin andere Menschen, bestimmte materielle Dinge, ein zeitlicher Ablauf, ein Plan oder ähnliches vorkommt, dann handelt es sich wohl eher um eine mehr oder weniger konkrete Strategie, als um ein Bedürfnis. Damit läufst du wieder Gefahr, dich auf eine Strategie zu commiten und nicht auf die Erfüllung eines Wertes oder Bedürfnisses. Strategien sind austauschbar, Bedürfnisse und Werte aber nicht.

Wenn du also zum Beispiel dein Glück von einer bestimmten Person abhängig machst, mag das in unserer Gesellschaft als romantisch gelten, hat dann aber wenig mit deinen Bedürfnissen zu tun. Liebe, Zugehörigkeit, Sicherheit sind von der Außenwelt universelle Bedürfnisse, die du auf ganz unterschiedliche Weisen erfüllen kannst. Und das sind dann deine Strategien.

Ich muss gestehen, dass sich diese Betrachtungsweise durchaus komisch anfühlen kann, da so auf den ersten Blick alles, was dir lieb und teuer ist, ersetzbar wirkt. Wenn die Liebe mit der aktuellen

Person an deiner Seite nicht klappt, dann halt mit einer anderen. Wenn du im aktuellen Job nicht befördert wirst, dann in einem anderen ...

Dabei geht es mir nicht darum, bei den kleinsten Anzeichen von Problemen das Handtuch zu werfen. Vielmehr wirst du durch diese Erkenntnis mehr Freiheit gewinnen, weil du dich selbst und dein Wohlbefinden nicht von spezifischen, äußeren Faktoren und Gegebenheiten abhängig machst. Du entkoppelst Bedürfnisse und Werte von spezifischen Strategien.

Dadurch wirst du zu einer intensiveren Verbindung zu dir selbst, deinem Inneren und damit auch zu besseren beruflichen und privaten Beziehungen nach außen fähig sein. Wenn du nämlich die Zusammenhänge und Hintergründe deiner eigenen Gedanken erkennst, wirst du selbst handlungsfähiger. Du wirst durch das Bewusstsein über deine Werte und Bedürfnisse zu neuen und vielfältigeren Handlungsoptionen kommen. Damit kannst du wählen und selbst aktiv werden. Du kannst die Verantwortung für dich übernehmen. Zudem wirst du andere Menschen aus einer gewissen Bringschuld entlassen, weil du sie nicht mehr für deine eigene Situation, dein eigenes Fühlen und Denken verantwortlich machst. Interessanterweise wirst du diese Menschen dann auch mit anderen und offeneren Augen sehen und sie auch anders behandeln.

Versteifst du dich jedoch zu sehr auf eine bestimmte Strategie, in der andere Menschen und Ereignisse enthalten sind, wird dich das zum Spielball deiner Umstände machen. Du wirst dich fremdbestimmt fühlen und es wird dich im Worst-Case-Szenario schwer belasten und dich in eine Krise stürzen. Wenn du krampfhaft an einer von vielen Möglichkeiten festhälst, macht das deine Welt ganz klein. Es wird dich über kurz oder lang von deinen Bedürfnissen und Werten entfremden und dich in eine Opferrolle bringen. Strategien sollten genau deswegen Mittel zum Zweck und eben kein

Selbstzweck sein. Sie sind Hilfsmittel und kein Ziel. Überprüfe also immer wieder:

- Warum tust du, was du tust?
- Wohin bringt dich dein Weg?
- Wozu ist die Strategie gut?
- Welche Alternativen gäbe es, dein Ziel trotz scheitern der Strategie zu erreichen?
- Und wie passt die Strategie zu deinen Bedürfnissen? Genau das macht dich schließlich authentisch.

Und noch einen weiteren Punkt solltest du im Hinterkopf behalten: Strategien verursachen nicht nur Konflikte zwischen den eigenen Werten und Bedürfnissen sondern auch zwischen Menschen. Schuld an Konflikten zwischen Menschen, Gruppen und Staaten sind oft nicht deren unterschiedliche Bedürfnisse, sondern die gewählten Strategien. Den Streitigkeiten mehrerer Parteien liegt meist zugrunde, dass an bestimmten Strategien festgehalten wird, anstatt sich über die dahinterliegenden Bedürfnisse und deren Prioritäten auszutauschen. Es wird also oft nur über das Wie, aber selten über das Warum und Wozu gesprochen. Im schlimmsten Fall beharren beide Seiten auf dem eigenen Standpunkt. Statt nach einer Win-Win-Lösung zu suchen, werden oft die eigenen Argumente immer wieder anders verpackt vorgebracht und niemand geht auf die andere Partei zu.

Wenn sich aber alle Beteiligten darüber klar werden, welches wirkliche Bedürfnis sie zu stillen versuchen und das mitteilen, wird der Weg für neue Strategien frei gemacht. Wenn die Bedürfnisse aller offensichtlich und explizit sind, kann nach Strategien gesucht werden, die genau diese berücksichtigen. Die neue gemeinsame Strategie bedeutet dann auch, dass niemand nachgeben oder sich verbiegen muss. Trotz Abkehr von den ursprünglichen Forderungen und Aussagen bleibt die Authentizität gewahrt. Das schafft auch

Möglichkeiten für kurzfristige Kompromisse, wenn es langfristig zu besseren Lösungen führt.

Interessanterweise scheuen sich manche Menschen, derart offen mit Geschäftspartnern oder Kollegen zu sprechen, da sie befürchten, zu viel von sich preiszugeben und damit angreifbar zu machen. Sagt das nicht viel über Haltung und Glaubenssätze aus? Wir sind doch keine Highlander, wo es nur eine:n geben kann. **Wenn du also wirklich etwas am Status quo im Business ändern möchtest, dann solltest du das Leben und den Job nicht als Nullsummenspiel begreifen.** Oftmals sind gemeinsam erdachte Strategien insgesamt noch viel besser, als die einzeln angestrebten Lösungen, da unterschiedliche Standpunkte, Perspektiven und Informationen eingebracht werden.

Wenn du das nächste Mal mit jemanden in einen Konflikt darüber gerätst, ob etwas getan oder nicht getan oder wie und was getan werden soll, dann schau ganz genau hin, warum das so ist. Beantworte ganz wertfrei explizit folgende Fragen:

- Bei welchen Punkten seid ihr unterschiedlicher Meinung? Wieso?
- Wo habt ihr unterschiedliche Ansichten?
- Welches Ziel verfolgt jeder für sich?
- Welche Bedürfnisse versucht ihr zu stillen?
- Welche Auswirkung hat die andere Position auf die eigenen Bedürfnisse?
- Wo seid ihr euch bereits einig?
- Welcher gemeinsame Weg, welche Strategie könnte alles positiv vereinen?

Wenn du es schaffst, dass beide Seiten sich und ihre Intentionen gegenseitig wirklich verstehen, dann stehen die Chancen gut, dass die gemeinsame Zusammenarbeit zufriedenstellend und erfolgreich wird.

All das oben genannte bedeutet, dass du deine Handlungen anpassen, deine Strategien ändern kannst, ohne an Authentizität zu verlieren. Eine neue Strategie zu wählen und zu verfolgen, heißt ja nicht automatisch, dass du zum Beispiel dem Druck von außen nachgibst und einknickst. Ein neuer Weg bedeutet nicht, dass du deine Prinzipien und Werte über Bord wirfst. Ganz im Gegenteil. Es wird deine Glaubwürdigkeit und Verlässlichkeit sogar noch stärken, wenn du zeigst, dass du an einer gemeinsamen Lösung mehr interessiert bist, als stur deinen Willen durchzusetzen.

Wenn du dir deiner Bedürfnisse und auch deiner Wertehierarchie bewusst bist, kannst du sie nach außen sichtbar machen. Das sorgt dafür, dass andere Menschen deine Entscheidungen und Handlungen nachvollziehen können. Sie werden feststellen können, dass du dir bei einem Strategiewechsel treu bleibst und weiterhin für die gleichen Dinge einstehst. Dafür solltest du entsprechende Überlegungen und Herleitungen teilen und transparent machen. Ermögliche es anderen, deinen Weg nachzuvollziehen und präsentiere nicht nur das Ergebnis. So kannst du zeigen, dass du selbst unter wechselnden Rahmenbedingungen deinen Werten entsprechend handelst. Und wenn die Strategie nicht mehr passend ist, wird sie eben angepasst. Du sorgst damit also weiter für Sicherheit und Orientierung und bleibst authentisch.

Du bist dran

Erkenntnis ist der erste Schritt zur Besserung, heißt es doch so schön. Sorgen wir also nun für etwas mehr Erkenntnis bei dir, indem du dir deiner Bedürfnisse bewusst wirst. Es ist auch völlig ok, nicht so dogmatisch auf die Unterscheidung von Bedürfnissen und Werten zu achten. Ich bin kein Fan von Dogmatismus, wichtig ist, was hinten bei raus kommt, also eine Übersicht an Eigenschaften, Verhaltensweisen und Gegebenheiten, die die du für dich brauchst und als wichtig erachtest.

Deine Aufgabe ist es, zunächst deine Top-10-Bedürfnisse zusammenzustellen und diese anschließend nach Wichtigkeit zu sortieren.

Wähle 10 Bedürfnisse aus und schreibe sie am besten einzeln auf Post-its.

Sortiere sie nach Wichtigkeit.

Finde zu jedem Bedürfnis 2-3 Strategien, die zur Erfüllung des Bedürfnisses führen können.

Wichtig ist, dass du alles zumindest stichpunktartig aufschreibst oder sonstwie externalisierst. Also schnapp dir nun einen Block Post-its und einen Stift oder auch ein digitales Pendant, wie zum Beispiel dieses Mural-Template hier:

https://bit.ly/3mzpTrw.

Post-its eignen sich für solche Aufgaben übrigens ganz besonders, da du sie schnell erstellen und flexibel anordnen kannst. Bei dieser Übung kannst du so einzelne Bedürfnisse nebeneinander halten, vergleichen, gewichten und neu sortieren. Es hat sich auch als sehr positiv erwiesen, einen Buddy einzubeziehen. Es hilft, sich bei den einzelnen Schritten auszutauschen und die Gedanken und Entscheidungen zu erläutern. Teile auch deine noch unfertigen Gedanken mit deinem Buddy, denke laut. Dein Buddy kann dich dabei gut unterstützen, indem er neugierig ist und Fragen stellt, die helfen dich besser zu verstehen. Gemeinsam werdet ihr so mehr über euch beide lernen.

Damit du nicht ganz bei Null anfangen musst, gebe ich dir ein paar Worte, die gemeinhin als Bedürfnis oder auch Wert bezeichnet werden. Geh die Liste doch einfach mal durch und beobachte, ob das Lesen der Worte etwas auslöst. Ich wollte es beim ersten Mal auch nicht glauben, aber irgendwie habe ich eine gewisse Resonanz bei manchen Worten gefühlt, die mir gezeigt hat, dass mir dieser Wert oder das Bedürfnis besonders wichtig ist. Sieh diese Liste aber bitte nicht als unumstößlich oder vollständig an. Du hast andere Worte im Sinn? Prima, dann nutze einfach diese. Du kannst dir die Liste hier herunterladen:

https://bit.ly/3zAYVoA

Harmonie	Höflichkeit
Freiheit	Verantwortung
Eigenständigkeit	Genügsamkeit
Freundlichkeit	Genauigkeit
Wirksamkeit	Glaubwürdigkeit
Status	Einfühlungsvermögen
Verbindlichkeit	Abwechslung
Authentizität	Unbekümmertheit
Respekt	Spaß
Gelassenheit	Aufrichtigkeit
Klarheit	Achtsamkeit
Ruhe	Leichtigkeit
Abenteuer	Mut
Weitsicht	Idealismus
Stärke	Überlegenheit
Spontanität	Vergnügen
Intelligenz	Anerkennung

Authentische Führung, Schritt I: INSIDE

Karriere	Großzügigkeit
Loyalität	Genuss
Humor	Toleranz
Gesundheit	Nachhaltigkeit
Freude	Aktivität
Rücksicht	Kontrolle
Kreativität	Austausch
Leistung	Vertrauen
Pünktlichkeit	Bindung
Innovation	Leidenschaft
Geborgenheit	Lust
Herausforderung	Nähe
Disziplin	Hartnäckigkeit
Selbstbestimmung	Besitz
Kraft	Akzeptanz
Optimismus	Kompetenz
Ehrgeiz	Perfektion

Hilfsbereitschaft	Einfluss
Gleichberechtigung	Fürsorglichkeit
Effizienz	Integrität
Vielfalt	Neugierde
Ehrlichkeit	Unabhängigkeit
Verbundenheit	Freundschaft
Hoffnung	Optimierung
Güte	Hingabe
Beständigkeit	Zugehörigkeit
Familie	Fokus
Weiterentwicklung	Ästhetik
Würde	Reichtum
Bewunderung	Gemeinschaft
Effektivität	Vitalität
Fairness	Einzigartigkeit
Treue	Gerechtigkeit
Realismus	Faszination

Fantasie	Überraschung
Image	Ausgeglichenheit
Sparsamkeit	Regeltreue
Tradition	Achtung
Wertschätzung	Sorgfalt
Antrieb	Struktur
Komfort	Durchsetzungsvermögen
Ordnung	Bescheidenheit
Stabilität	Zuverlässigkeit
Bestätigung	Bereitschaft
Demut	Intuition
Sicherheit	Heimat
Frieden	Dankbarkeit
Ausdauer	Offenheit
Liebe	Weisheit
Erfolg	Wissen
Kommunikation	Beliebtheit

Wohlstand	Schönheit
Klugheit	Ansehen

Das Aufschreiben hat übrigens mehrere positive Effekte. Vor allem wirst du dir deiner Gedanken etwas klarer. Aufschreiben, aufmalen, aber auch das Mitteilen deiner Gedanken gegenüber deines Buddys wird dir helfen, auf Unstimmigkeiten oder Lücken in deinen Gedankengängen zu stoßen. Wenn du beim Externalisieren ins Stocken gerätst, ist das ein deutliches Signal, dass deine im Kopf ganz klaren Vorstellungen womöglich noch etwas Aufmerksamkeit und Feinschliff benötigen.

Außerdem kannst du diese Liste später immer dann rausholen, wenn du dir nicht ganz sicher bist, wie du ein bestimmtes Gefühl einordnen sollst und welche Bedürfnisse sich dahinter verstecken. Du musst dir dann in solchen Situationen auch nicht immer neue Strategien überlegen, wie du bestimmte Bedürfnisse stillen kannst.

Hast du einmal die Übung durchlaufen, solltest du sie alle 3-6 Monate wiederholen, um zu schauen, welche Änderungen es möglicherweise gibt und wie du damit umgehen möchtest.

Als Zusatzaufgabe kannst du dir ja mal die Frage stellen, ob es sich bei deiner Auswahl um ein Bedürfnis oder Wert entsprechend meiner Definition handelt. Was ändert das für dich?

Authentische Führung, Schritt II: OUT

Bei der Perspektive INSIDE des Jedership-Modells geht es im Sinne der Authentizität vor allem darum, dass du dich selbst kennst und entsprechend deiner Werte und Bedürfnisse verhältst. Kurz gesagt: Es geht um Selbstführung und wie du integer und authentisch bist. Im zweiten Schritt OUT soll es nun darum gehen, wie du auch nach außen authentisch auftreten und von anderen Menschen eben auch als authentisch wahrgenommen werden kannst.

Da du andere Menschen und ihre Sicht auf die Welt nicht kontrollieren kannst (das wäre auch schade um die Diversität, die dabei verloren ginge), geht es hier mehr um Wahrscheinlichkeiten als um Sicherheit. Wir Menschen interpretieren unsere Welt kontinuierlich. Jeder kommt dadurch zu einer ganz individuellen Realität. Die Realitäten verschiedener Menschen können durchaus voneinander abweichen. Wahr oder nicht ist also eher eine individuelle Entscheidung, sofern es sich nicht um belegbare Fakten handelt.

Dementsprechend wirst du auch nicht von allen Menschen gleich wahrgenommen. Und auch deine Selbstwahrnehmung kann von der anderer Menschen abweichen. Andere Menschen interpretieren, klassifizieren und evaluieren dich und dein Verhalten womöglich anders als du selbst. So kannst du dich selbst auch als authentisch bezeichnen, während andere das so nicht direkt unterschreiben würden.

Das bedeutet für dich, dass du daran arbeiten solltest, Selbst- und Fremdwahrnehmung nicht zu weit auseinanderdriften zu lassen. Während es bei INSIDE um die eigene Reflexion geht, betrachten wir in OUT, wie du Einfluss auf dein Fremdbild nehmen kannst. Dein

Fremdbild ist dabei etwas, das zwar aufgrund deiner Handlungen und Äußerungen entsteht und geprägt wird, es kann jedoch wie ein Schatten aus unterschiedlichen Perspektiven verzerrt wirken.

Entscheidend ist dabei, dass du verstehst, dass Authentizität keine Eigenschaft ist, die du innerhalb von kürzester Zeit von anderen zugeschrieben bekommst. Vielmehr ist es das Resultat einer etablierten Beziehung.

Authentizität ist das Resultat einer etablierten Beziehung.

Andere Menschen müssen dich zunächst kennenlernen, verstehen, wofür du eigentlich stehst, welche Bedürfnisse du hast und welche Werte dir wichtig sind. Und dann solltest du dich in unterschiedlichen Situationen und Herausforderungen dementsprechend verhalten, um das Bild zu untermauern.

Das Streben nach Integrität von Innen und Außen sollte dich aber nicht dazu verleiten, dass du ganz nach dem Motto "So bin ich eben" alles unreflektiert und ungefiltert nach außen trägst, was dich im Inneren beschäftigt. Du solltest dir zumindest immer etwas Zeit nehmen und dir die Frage beantworten, welche Folge das haben könnte und ob es anderen hilft und dir und deinem Ziel zuträglich ist.

So wird es zum Beispiel wahrscheinlich immer mal wieder Situationen geben, in denen du dich auch nicht wohl fühlst, die dich vielleicht irritieren, verängstigen oder dich wütend machen. Panisch umher zu rennen und mit wild fuchtelnden Armen das Ende zu prophezeien, ist dann aber wohl nicht die angebrachte Strategie.

Und sich über andere hinter deren Rücken auszulassen, wenn dich mal wieder etwas auf die Palme bringt, wird nicht dazu beitragen, dass sich etwas zum Positiven verändert.

Wenn wir jemandem vertrauen, ist meist auch Authentizität vorhanden. Aber nur weil jemand authentisch ist, heißt das nicht, dass wir auch vertrauen. Authentischen Arschlöchern stehen wir meist trotzdem kritisch gegenüber. Andererseits sind mir diese noch lieber und vertrauenswürdiger als unauthentische Arschlöcher. Es gibt also scheinbar auch hier eine gewisse Priorisierung.

Es geht in allen Situationen darum, eine passende Strategie zu finden, die sowohl deinen Bedürfnissen entspricht, aber eben auch deiner Rolle zuträglich ist. Und selbstverständlich darfst du in schwierigen Situationen teilen, dass es für dich auch nicht leicht ist. Du solltest aber gleichzeitig konstruktiv und positiv kommunizieren und agieren. Ebenso darfst du mitteilen, dass dir das Verhalten von jemandem nicht passt. Das geht aber möglicherweise in einem direkten und privaten Gespräch respektvoller, als vor versammelter Mannschaft.

Menschen folgen Menschen

Vielleicht hast du ja schon mal den Satz gehört, dass Menschen von Menschen kaufen. Ich sage: Menschen kaufen nicht von Menschen. Nein. Menschen kaufen von Menschen, denen sie vertrauen, weil sie glaubwürdig, weil sie authentisch sind. Ganz ähnliche verhält es sich auch mit Führung. Menschen folgen Menschen, denen sie vertrauen, weil sie glaubwürdig, weil sie authentisch sind.

Menschen folgen Menschen, denen sie vertrauen.

Wenn du also sicherstellen willst, dass dir Menschen etwas "abkaufen" und dir folgen, dann solltest du dafür sorgen, dass sie dich und deine Motivation verstehen. Du solltest also ganz klar kommunizieren, was deine Vision, was der Sinn und Zweck der gemeinsamen Zusammenarbeit ist. Mache es möglich, dass andere Menschen eine Überschneidung mit den eigenen Werte und

Bedürfnissen erkenne, damit sie eure gemeinsame Mission auch zu ihrer eigenen machen. Du wirst sehen, dass sie dann auch eher gewillt sind, Aufgaben zu übernehmen oder Anweisungen zu befolgen, selbst wenn diese nicht direkt besonders viel Joy sparkeln.

> „Die Leute kaufen sich in die Führungskraft
> ein, bevor sie sich in die Vision einklinken."
>
> – John Maxwell

Wenn du also eine gute Führungskraft sein möchtest, solltest du genau dieses Commitment und dieses Engagement wahrscheinlicher werden lassen. Selbstverständlich spielt die inhaltliche und fachliche Ebene dabei eine Rolle. Aber viel grundlegender ist die menschliche Ebene. Führung ist vor allem Beziehungsarbeit. Willst du langfristig und nachhaltig für eine gute Zusammenarbeit und hohe Performance sorgen, solltest du dich erstmal um die zwischenmenschlichen Dinge kümmern. Baue vertrauensvolle Beziehungen auf. Führe mit dem Herzen, statt nur mit Zahlen, Daten und Fakten.

Führung ist Beziehungsarbeit.

Beziehungen können in wenigen Augenblicken beschädigt oder gar zerstört werden, aber es ist unmöglich, sie in der gleichen Zeit aufzubauen oder zu reparieren. Es ist wie mit dem eigenen Bankkonto. Es braucht oft eine ganze Weile, um es zu füllen, während es sich ganz schnell wieder leer räumen lässt. Sorge also dafür, dass du kontinuierlich Guthaben auf die Vertrauens- und

Beziehungskonten einzahlst. Mehr dazu findest du übrigens in "Jedership – Warum Führung alle etwas angeht".

Es gibt im Kontext von Authentizität als gute:r Chef:in zwei wesentliche Hebel:

1. Gib Orientierung: Schaffe Möglichkeiten, damit andere Menschen dich besser verstehen und dein Handeln nachvollziehen und sich selbst damit verbinden können.

2. Schaffe Sicherheit: Untermauere 1., indem du selbst nach den gleichen Richtlinien handelst und bewertest.

Trage deine Erkenntnisse aus INSIDE nach außen. Sprich: Mach deine Bedürfnisse und Werte transparent. Egal, ob du dies in Einzelgesprächen oder Gruppenübungen machst, tu es. **Wenn du andere Menschen wirklich abholen und ihr Vertrauen gewinnen möchtest, dann kannst du proaktiv etwas dafür tun, indem du ihnen immer wieder auch auf der menschlichen Ebene begegnest.** Und was liegt da näher, als etwas zutiefst menschliches zu teilen. Gib anderen Menschen, deinem Team, deinen Mitarbeiter:innen deiner Chef:in, die Möglichkeit, deine menschliche Seite kennenzulernen. Gib anderen die Möglichkeit, deine Beweggründe und Motive nachzuvollziehen. Gib ihnen die Chance, das zu verstehen, was rein durch äußere Betrachtung allein nicht möglich ist: dich. Niemand kann wirklich wissen, was in dir vorgeht und was dich beschäftigt. Deine Stirn ist kein riesiger Bildschirm, der deine Gedanken nach außen trägt.

Es geht hierbei übrigens nicht um Rechtfertigung. Es geht um Begründung und Transparenz. Gib anderen Menschen die Möglichkeit, die Situation aus deiner Perspektive zu sehen und damit auch dich und deine Handlung zu verstehen. Das Schlimmste, was in diesem Zusammenhang passieren kann, ist, dass du als Feedback neue Informationen und Möglichkeiten präsentiert bekommst. Ein tragbares Risiko, wie ich finde.

Gib Orientierung und schaffe Sicherheit

Es mag sich möglicherweise etwas befremdlich anhören, dass du als Chef:in persönliche Geschichten und Gedanken teilen sollst, um erfolgreicher zu werden. Wenn du noch immer zweifelst, dass es eine gute Idee ist, genau dies zu tun, habe ich hier noch zwei wesentliche Gründe für dich, es einfach mal zu versuchen.

Zunächst gibst du natürlich etwas von dir preis, um anderen etwas zu geben. Nämlich grundlegende Informationen und Wissenswertes über dich. Was macht dich zu dem Menschen, der du bist? Stell dir das doch einfach so vor, wie ein Kapitel in einer Bedienungsanleitung. Manchmal liegen diesen doch auch Kurzfassungen für den Quick-Start bei.

Gib deinen Mitmenschen also die Möglichkeit, sich mit deinen Aussagen, Ideen und deiner Haltung zu verbinden – auf zwischenmenschlicher Ebene. Dadurch machst du eine professionelle Beziehung erst wirklich möglich und fruchtbar. Andere Menschen wollen schließlich wissen, woran sie bei dir sind. Was können sie von dir erwarten? Was erwartest du von ihnen? Wo gibt es Parallelen, wo vielleicht auch nicht? Wo ergeben sich Synergien, wo lauern Konflikte?

Also: Was sollten andere über dich wissen? Welche Informationen kannst und willst du ihnen geben, damit sie dich besser verstehen, damit sie lernen können, wer du bist, was dir wichtig ist und was dich antreibt?

Dazu gehören insbesondere deine Bedürfnisse bzw. Werte, die du dir in Schritt INSIDE erarbeitet hast. Im Grunde stellen sie ein Kondensat eines Teils deiner Persönlichkeit – verpackt in gesellschaftlich anerkannte Begriffe – dar. Sie können als ein guter Aufhänger für ein tieferes Verständnis dienen. Verpackst du sie zum Beispiel in passenden Anekdoten aus deinem Leben, kannst du damit veranschaulichen, wie du entsprechend der Situation, des

Wertes oder Bedürfnisse gedacht, gefühlt und gehandelt hast. So holst du die Menschen um dich herum nicht nur auf der rein rationalen sondern auch auf der emotionalen Ebene ab und machst damit wahrscheinlicher, dass sie dich auch wirklich verstehen. Du gibst ihnen damit Orientierung, weil sie dich, deine Entscheidungen und dein Handeln besser einschätzen können.

Selbstverständlich lernen andere Menschen dich mit der Zeit auch ganz automatisch und nebenbei kennen. Aber wäre es nicht ganz wunderbar, wenn dabei etwas weniger Versuch und Irrtum involviert wären? Andere Menschen können selten wirklich erahnen, was in dir vorgeht. Selbst den uns nahestehenden Personen werfen wir manchmal vor, dass sie dies oder jenes doch aber hätten wissen können oder müssen. Zumindest hätte man ja wohl mal mitdenken und selbst drauf kommen können, oder? Und damit kommen wir zum zweiten Punkt, warum du anderen dabei helfen solltest, dich wirklich zu verstehen – vor allem, wenn du eine gute Chef:in bleiben oder werden möchtest.

Indem du in eurer zwischenmenschlichen Beziehung für mehr Verständnis sorgst, hilfst du auch anderen Menschen, dir zu helfen. Das ist quasi Hilfe zur Selbsthilfe. Vor allem schwere Konflikte oder Missverständnisse werden so unwahrscheinlicher, da Erwartungshaltungen explizit gemacht werden. Der Fokus auf deine eigenen Bedürfnisse und Werte eröffnet einen gewissen Spielraum. Dadurch haben andere Menschen die Chance, proaktiv zu werden, da es für sie absehbarer wird, womit sie in Bezug auf eure Zusammenarbeit erfolgreich sein werden. Sie kennen die Rahmenbedingungen und können sich innerhalb der Leitplanken frei bewegen. Menschen haben schließlich auch ein tiefliegendes Verlangen danach, anderen Menschen zu helfen. Gib ihnen die Chance, dir zu helfen.

Sehr wahrscheinlich wirst du das gegenseitige Verstehen nicht in einem Meeting abschließend erreichen können. Verständnis ist kein Zeitpunkt oder Zustand sondern ein Prozess. Es gilt immer wieder gemeinsam zu reflektieren, ob ihr es wirklich geschafft habt, ein gegenseitiges Verständnis zu schaffen. Das muss auch nicht als formalisiertes Meeting passieren. Vielmehr geht es um den kontinuierlichen Austausch. Damit andere Menschen einschätzen können, wie sie sich so schlagen und ob sie die Erwartungen und Absprachen erfüllen, solltest du ihnen entsprechend immer wieder Rückmeldungen und dadurch Sicherheit geben. Durch dieses Feedback lernen andere Menschen dich, aber auch sich selbst besser kennen.

Verständnis ist kein Zeitpunkt oder Zustand sondern ein Zeitraum.

Richtiges, wirklich konstruktives Feedback sagt dabei oft mehr über die Feedbackgeber:in als über die Feedbackempfänger:in aus. Richtiges Feedback sollte aus der Ich-Perspektive formuliert sein. Du gibst damit also anderen einen Hinweis, was aus deiner Perspektive für dich passend ist oder wie etwas für dich passender oder anders gestaltet werden könnte. Du kannst Feedback dafür nutzen, anderen etwas über deine eigenen Bedürfnisse und Werte mitzuteilen und gibst ihnen gleichzeitig Hinweise, wie sie dir bei der Erfüllung helfen können. Du kannst ihnen helfen, einzuschätzen, wie gut sie bereits darin sind und was sie eventuell noch verbessern können. Die Feedbackempfänger:in wird viel über dich lernen können.

Stelle dir beim Feedback geben auch selbst immer die Frage, welches eigene Bedürfnis du eigentlich hast, um Feedback zu geben. Was möchtest du damit wirklich erreichen? Wozu gibst du überhaupt Feedback?

Neben deinem eigenen Handeln und deiner Art der Kommunikation, gibt also vor allem Feedback deinen Mitmenschen die nötige Sicherheit im Umgang mit dir. Das Wissen über deine Werte und Bedürfnisse gibt Orientierung. Dein Handeln und dein

Feedback geben die Sicherheit, dass sie dich richtig verstanden haben. Das ist der zweite Part von Authentizität. Innen und Außen können von anderen nachvollzogen und zusammengebracht werden. Walk the talk. Drink your own Champagne. Prost.

Bei Feedback geht es darum, was jemand tut, nicht was jemand ist!

Du bist dran

Feedback hat also mehr mit dir und deinen eigenen Bedürfnissen zu tun, als mit der Feedbackempfänger:in und dem was sie getan oder nicht getan hat. Die Art und Weise, wie du Feedback gibst, spricht quasi Bände über dich.

Wir sprechen an dieser Stelle lediglich über eine Art des Feedbacks, nämlich dein bewusstes Ansprechen bestimmter Sachverhalte. Wir blenden an dieser Stelle mal sämtliche andere auch unbewusste Reaktionen und Rückmeldungen, wie zum Beispiel Augenbewegungen, Gestik und Mimik aus, auch wenn das natürlich ebenfalls ein sehr spannendes Themenfeld ist.

Authentisches Feedback soll dir vor allem dabei helfen, anderen Rückmeldung und die Chance zu geben, dich und deine Bedürfnisse besser zu verstehen. Welche das konkret sind, hast du ja bereits erarbeitet. Deine nächste Aufgabe ist es nun, anderen bewusst Feedback zu geben, wie sie dich dabei unterstützen können, diese Bedürfnisse zu erfüllen.

Diese fünf Punkte können dich bei der Vorbereitung oder aber auch bei der eigenen Reflexion eines Feedbackgespräches unterstützen:

1. Fokussiere dich bei deinen nachfolgenden Betrachtungen auf ein bestimmtes Verhalten der Feedbackempfänger:in. Was hat also jemand getan oder nicht

getan? Es geht um alles, was jemand (nicht) tut, aber nicht um das, was jemand (nicht) ist! Vermeide unbedingt, dich auf die Person an sich oder ein Persönlichkeitsmerkmal zu beziehen. Denn das kann jemand im Zweifel gar nicht verändern.

2. Betrachte eine konkrete Situation, in der du mit der Feedbackempfänger:in warst. Welche deiner Bedürfnisse wurden besonders gut oder eher weniger erfüllt? Inwiefern hat die Feedbackempfänger:in mit ihrem Verhalten darauf Einfluss gehabt?

3. Schildere der Feedbackempfänger:in deine eigene Wahrnehmung und deinen aktuellen Kontext, in dem du dich befindest. Stelle sicher, dass sie deine Punkte versteht und deine Gedanken nachvollziehen kann. Verzichte dabei unbedingt auf Anklagen, Vorwürfe und Schuldzuweisungen. Diese erkennst du daran, dass sie meist mit "Du hast ..." oder "Weil du ..." beginnen und nur eine Konfrontation provozieren statt für Verständnis zu sorgen.

4. Gib der Feedbackemfpänger:in möglichst konkrete Hinweise, was sie in einer ähnlichen Situation anders, mehr oder weniger machen kann, um auf deine Bedürfnisse passender einzugehen.

5. Überlege gemeinsam mit der Feedbackempfänger:in, welche Strategie euch beiden helfen würde, die jeweils

eigenen Bedürfnisse in solchen Situationen zu erfüllen.

Ach ja, noch ein grundlegender Gedanke zum Feedback. Es heißt ja, dass Feedback ein Geschenk ist. Deswegen kann auch die Feedbackempfänger:in entscheiden, ob sie es annimmt oder nicht. Oft entscheidet hierüber die Verpackung – eben wie bei einem physischen Geschenk auch.

Wichtig: Feedback ist kein Tool zur Beurteilung! Solltest du selbst merken, dass du jemandem eigentlich nur deine Meinung geigen, eine Bewertung loswerden willst, dann kannst du das natürlich ungefiltert und unreflektiert tun und einfach mal alles raus lassen. Vielleicht hilft es dir ja. Oder aber, du hältst noch mal kurz inne und überlegst dir, was eigentlich dahinter steckt. Was motiviert dich denn in diesem Moment, solche Überlegungen anzustellen und vermutlich der Beziehung oder gar dem Menschen zu schaden? Wie passt das zu deinen eigenen Bedürfnissen und Werten?

Feedback ist kein Tool zur Beurteilung!

Authentische Führung, Schritt III: IN

Auch du als Chef:in bist nicht frei von äußeren Einflüssen. Vielleicht prasselt auf dich als Führungskraft sogar besonders viel von außen ein. Womöglich musst du viel häufiger Konflikte und Stresssituationen bewältigen als andere Teammitglieder. Um als Chef:in erfolgreicher authentisch zu führen, musst du dich zunächst selbst führen. Um das möglichst erfolgreich zu tun, sollte dir bewusst sein, wie du in bestimmten Situation reagierst und warum das so ist. Was beschäftigt dich? Was triggert dich? Im letzten Schritt IN des Jedership-Prinzips geht es deshalb darum, wie du mit den Reizen deiner Umwelt authentisch umgehst. Wenn du authentischer führen möchtest, solltest du verstehen, wie dein Umfeld dich beeinflusst und wie du dein eigenes Handeln als Reaktion darauf in Einklang mit deinen Werten bringst.

Ich habe ja bereits mehrfach erwähnt, dass es relativ wenig mit authentischer Führung zu tun hat, wenn du all deine Emotionen und Gedanken ständig ungefiltert in die Welt pustest und unkontrolliert auf Reize reagierst. Zwischen emotionaler Impulsivität und gefühlskaltem Vulkanier gibt es aber unendlich viele Abstufungen. Wie so oft geht es um das Richtige bzw. Passende zur richtigen Zeit. Was das genau das ist, ist durchaus Definitionssache. Du solltest aber nicht lügen, dich selbst, deine Gefühle und Bedürfnisse verleugnen oder dauerhaft eine Maske aufsetzen beziehungsweise eine Rolle spielen, die nicht zu deinem Naturell passt.

Für die IN-Perspektive des Jedership-Prinzips ist besonders die Reaktion auf äußere Trigger interessant. Es geht primär um Wahrnehmung, Impulskontrolle und Selbstreflexion. Dabei gilt der Grundsatz, dass du auch für deinen Umgang mit den Reizen deiner Umwelt die Verantwortung trägst. Ein Gedanke, der essentiell ist für das Gelingen guter Selbst- und Fremdführung. Indem du Reiz-

Reaktions-Verknüpfungen aufhebst, wirst du dich auch nicht mehr fremdgesteuert fühlen. Das bedeutet auch weniger Stress und ein etwas entspannteres Leben, weil du dich nicht mehr verbiegen und innere Konflikte auflösen musst, um alles unter einen Hut zu bringen. Ganz im Gegenteil. Je authentischer du wirst, desto selbstwirksamer wirst du und bekommst öfter das, was du wirklich willst und brauchst.

Authentizität ist der Booster für Selbstwirksamkeit und Erfolg.

Du erinnerst dich an meinen ehemaligen Chef Paul? Das hier ist genau der Punkt, den Paul eben nicht gelöst bekommen hat. Möglicherweise hat er sich aber auch seinen Bedürfnissen entsprechend verhalten und nur nach außen ein anderes Bild von sich gezeichnet.

> „Menschen verlieren wie Nägel ihren Nutzen, wenn sie anfangen, sich zu verbiegen."
>
> – Walter Savage Landor

Damit du es schaffst, kein Spielball deiner Umstände zu werden, musst du dir selbst bewusst machen, welche Reize bei dir welche Gefühle, Gedanken und Taten provozieren. IN ist also primär ein Bewusstwerdungsprozess, durch den du strikte Wenn-Dann-Regeln identifizierst und diese durch Optionen und die Freiheit zur Wahl ersetzt. Dafür solltest du verstehen, was dich in konkreten Situationen zu bestimmten Reaktionen verleitet.

- Warum ist das so?
- Was ist das für eine Situation?
- Was sind das für Rahmenbedingungen?
- Was genau ist wirklich passiert?
- Was ist Beobachtung, was Interpretation?
- Welche Bedürfnisse und Werte sind involviert?
- Welche sind erfüllt?
- Welche sind nicht erfüllt?

Es ist eine gute Reflexionsübung, wenn du dir diese Fragen immer mal wieder beantwortest.

Gefühle sind dein Geigerzähler

Eine besondere Bedeutung im Zusammenhang mit Authentizität spielen deine Gefühle. Sie können dir einen guten Ansatzpunkt geben und Hilfestellung sein, wenn es darum geht, erfüllte oder unerfüllte Bedürfnisse zu erkennen. Gefühle sind die Brücke zum Schritt INSIDE und funktionieren wie ein Geigerzähler, der umso stärker ausschlägt, je wichtiger dir ein Bedürfnis ist. Das gilt für beide Richtungen: wenn ein Bedürfnis erfüllt oder nicht erfüllt ist. Es lohnt sich also für dich, beim Hochkommen der nächsten Emotion, mal nachzuforschen, was genau die Ursache für diese ist. Je besser dir das Ergründen gelingt, desto passendere Antworten wirst du auch auf die Reize deiner Umwelt finden.

Gefühle funktionieren wie ein Geigerzähler für (un-)erfüllte Bedürfnisse.

Aus der IN-Perspektive des Jedership-Prinzips heraus, solltest du kontinuierlich überprüfen, ob deine eigenen Rahmenbedingungen und dein Umfeld mit deinen Bedürfnissen und Werten in Einklang zu bringen sind.

Das verhält sich wie mit dem Klima und Wetter. Gefällt dir das Klima an einem Ort grundsätzlich gut, wird das daran liegen, dass es zu deinem individuellem Lebensentwurf basierend auf deinen Werten und Bedürfnissen passt und dir erlaubt, dich dort auszuleben, bestimmten Aktivitäten nachzugehen und dich einfach wohlzufühlen. Ist das grundsätzlich gegeben, kannst du auch viel wahrscheinlicher damit leben, dass das Wetter dann hin und wieder mal davon abweicht.

Sollte sich das Wetter aber dauerhaft ändern, stehst du vor der Wahl: Entweder du findest dich mit den Umständen ab, bleibst, wo du bist und passt dich an oder aber du ziehst weiter und findest einen neuen Ort, der dir wieder deine passenden Rahmenbedingungen bietet. Wie deine Wahl aussieht, wird stark von deinen konkreten Bedürfnissen, Werten und möglichen Erfüllungsstrategien abhängen, womit wir wieder einen direkten Bezug zum Anfang unserer Reise und dem ersten Schritt des Jedership-Prinzips haben.

Es ist also ganz wesentlich, dass du dich und dein Handeln immer wieder selbst reflektierst.

- Wofür stehst du?
- Welche Bedürfnisse und Werte stecken dahinter und wie hast du bisher versucht sie zu erfüllen?
- Hat ein verändertes äußeres Klima Einfluss auf die Strategien oder auf deine Werte und Bedürfnisse?
- Kannst du andere Strategien finden, kannst du dir unter den neuen Umständen selbst treu bleiben?
- Oder gibt es einen inneren Konflikt und solltest du deshalb womöglich lieber weiterziehen, sofern du die Rahmenbedingungen vor Ort nicht direkt verändern kannst?

Egal, zu welchem Ergebnis du letztlich gelangst, entscheidend ist die Erkenntnis, dass du selbst dafür verantwortlich bist, eine Umwelt zu finden oder zu schaffen, in der du authentisch sein kannst – mit allen Konsequenzen. Du wirst nur dauerhaft zufrieden, erfolgreich und auch gesund bleiben, wenn du deinem inneren Kompass folgen kannst.

Richtungswechsel machen dich dabei übrigens nicht automatisch unauthentisch. Es ist total normal und auch richtig, dass wir bei neuen Informationen und Gegebenheiten unsere Strategien anpassen. Das hat viel mit wirklicher Authentizität und Agilität zu tun. Wichtig ist jedoch, dass du entsprechende Gedankengänge und Herleitungen transparent machst, damit andere sie nachvollziehen und als stimmig erkennen können. Bette sie in entsprechende Geschichten, Metaphern und Bilder ein, die die Menschen verstehen.

Stimme Fremdbild und Selbstbild regelmäßig ab

Sehr hilfreich für dich kann es sein, selbst kontinuierlich nach Feedback zu fragen und die IN-Richtung damit zu befeuern. Denn auch für dich ist Feedback etwas Positives, da es dir hilft, Selbst- und Fremdwahrnehmung abzugleichen und entsprechende Maßnahmen für dich daraus abzuleiten. Authentizität fängt zwar bei dir an, wird aber bei anderen wahrgenommen.

Stelle hierfür sicher, dass alle Beteiligten das gleiche Verständnis von Feedback haben. Mache also unbedingt klar, wozu du die Rückkopplung brauchst und wie dir deine Mitmenschen am besten helfen können. Ein kontinuierlicher Feedbackprozess auf Augenhöhe und in alle Richtungen hat bei vielen Menschen einen sehr positiven Einfluss auf die Wahrnehmung von Authentizität. Nicht umsonst sind 360-Grad-Feedbacks ein so gefragtes Feedback-Tool.

Egal, ob und welche Tools du einsetzt, reflektiere dich kontinuierlich selbst. Du hast, wie alle anderen Menschen auch, eine ganz persönliche Realität. Deine Sicht auf die Welt ist immer nur eine Interpretation. Sie ist gefärbt durch deine Persönlichkeit und wird niemals zu 100% objektiv sein. Du kannst also nur stets versuchen, möglichst objektiv zu erkunden, ob die Welt um dich herum wirklich so ist, wie du es selbst wahrnimmst.

Du bist dran

Das Johari-Fenster oder auch Johari-Gitter, benannt nach Joseph Luft und Harry Ingham, ist wohl eines der bekanntesten Tools, um Selbstbild und Fremdbild abzugleichen. Dabei kann es um wahrgenommene persönliche Eigenschaften wie Vorlieben, Interessen, Fähigkeiten, Stärken und Schwächen gehen. Ich gebe zu, dass ich es anfangs nicht besonders mochte, aber das lag wohl daran, dass ich die Wirksamkeit nicht gleich erkannt habe. Aus heutiger Sicht denke ich aber, dass es ein sehr hilfreiches Tool sein kann.

Das Johari-Fenster besteht aus vier Quadranten und erinnert ein wenig an das 4-Quadranten-Modell aus dem Kapitel INSIDE. Das Johari-Fenster stellt das Wissen über eine Person aus unterschiedlichen Perspektiven gegenüber. Da es um den Abgleich von Selbstwahrnehmung und Fremdwahrnehmung einer Person geht, wird also individuelles und kollektives Wissen gegenübergestellt. Damit ergeben sich folgende vier Quadranten:

Quadrant I: mir bekannt, aber anderen unbekannt = Mein Geheimnis

Quadrant II: mir bekannt, anderen bekannt = Öffentlich

Quadrant III: mir unbekannt, anderen unbekannt = Unentdeckt

Quadrant IV: mir unbekannt, anderen bekannt = Blinder Fleck

Authentische Führung, Schritt III: IN

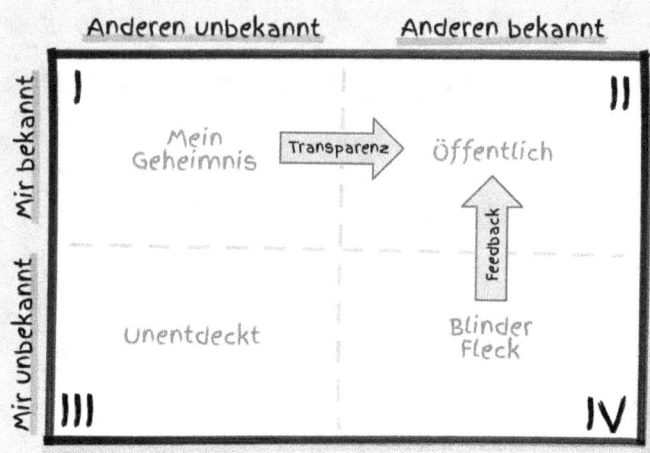

Quadrant I und II stimmen mit den beiden ersten Quadranten des 4-Quadranten-Modells überein. In Quadrant I sind deine Bedürfnisse, Werte, Glaubenssätze und andere persönliche Eigenschaften angesiedelt. In Quadrant II findest du entsprechend jene Eigenschaften, die du anderen zugänglich gemacht hast und die so auch von ihnen in gleicher Weise durch dein Handeln wahrgenommen werden. Selbstwahrnehmung und Fremdwahrnehmung decken sich hier. Der öffentliche Bereich ist der Bereich, der anderen hilft, dich und dein Handeln zu verstehen.

Im Quadranten III befinden sich alle unbekannten Eigenschaften. Diese kannst du entdecken, in dem du dich aus deiner Komfortzone begibst und Neues ausprobierst, dich weiterbildest etc. Den Quadranten III lassen wir in unserer Betrachtung erstmal außen vor. Einmal von dir oder anderen entdeckt, verfährst du mit ihnen, wie mit den anderen Eigenschaften.

In Quadrant IV gehören alle Merkmale, die zwar dein Umfeld wahrnimmt, du selbst aber nicht. Es ist also dein blinder Fleck, den du ohne Hilfe nicht schlichtweg nicht auflösen kannst. Du bist auf Feedback von außen angewiesen, damit entsprechende Eindrücke und Wahrnehmungen anderer auch dir bewusst werden.

Je mehr du von Quadrant I und Quadrant IV in den Quadranten II verschiebst, desto deckungsgleicher werden Selbst- und Fremdwahrnehmung und desto authentischer wirkst du. Das schaffst du durch Transparenz und durch kontinuierliche Selbstreflexion und das Geben und Einfordern Feedback. Es ist also eine Mischung aus Geben und Nehmen bzgl. von Informationen über dich.

Um den Ist-Stand zu erfahren, kannst du natürlich offene Gespräche führen oder die passende Übung zum Johari-Fenster nutzen. Dafür wählen du und alle Beteiligten aus den 56 Johari Adjektiven sechs aus. Alle entscheiden für sich, welche dieser Adjektive deine Persönlichkeit am besten beschreiben. Anschließend werden sie gemeinsam in den Quadranten zugeordnet. Dabei ist es natürlich hilfreich, die einzelnen Begriffe noch um eine Erklärung anzureichern, um die Wahl nachvollziehbar und verständlich zu machen. Im Idealfall können alle etwas lernen und daraus auch etwas für die Zusammenarbeit ableiten.

Authentische Führung, Schritt III: IN

Dies sind die 56 Johari Adjektive:

akzeptierend	albern
angespannt	anpassungsfähig
aufmerksam	bescheiden
bestimmt	energievoll
entspannt	extrovertiert
fähig	freundlich
fürsorglich	geduldig
geschickt	genial
glücklich	großzügig
heiter	hilfreich
idealistisch	intelligent
introvertiert	kompetent
komplex	kühn
liebevoll	logisch
mächtig	mitfühlend
nachdenklich	nervös

nett	organisiert
reaktionsschnell	reif
religiös	ruhig
scheu	schlau
selbstbewusst	selbstsicher
sentimental	spontan
still	stolz
suchend	tapfer
unabhängig	verlässlich
vernünftig	vertrauenswürdig
warmherzig	weise
witzig	würdevoll

Ich halte es übrigens für sehr sinnvoll, nicht nur bei diesen Adjektiven zu bleiben, sondern die Übung um weitere Merkmale, Skills etc. zu ergänzen.

Hier habe ich dir ein Mural-Template vorbereitet:

https://bit.ly/3r9L4Ss.

Sei einfach du.

Authentisch führen bedeutet, auf Basis deiner Bedürfnisse und Werte zu handeln und zu entscheiden. Das Jedership-Prinzip ist dir dabei eine einfache Hilfestellung. Es geht darum, zu lernen, dich selbst zu verstehen und dir selbst treu zu bleiben, was auch immer das konkret für dich und deine von dir ausgefüllten Rollen bedeutet.

> „Sei du selbst. Alle anderen sind bereits vergeben."
>
> – Oscar Wilde

Es geht nicht um richtig oder falsch, gut oder schlecht. Es geht auch nicht darum, ein bestimmtes Verhalten zu kopieren oder Meinungen zu übernehmen. Wenn du nicht erkennst, wer du bist, was dich als Mensch ausmacht, wofür du stehst und was du im Leben als wichtig und richtig bewertest, dann kannst du auch nicht sicher sein, ob du etwas tust, weil es zu dir passt oder ob du es tust, weil andere es passend finden. Daher kannst du zwar von Vorbildern lernen, sie aber nicht kopieren. Je weniger du versuchst, jemand anderes zu sein, desto wahrscheinlicher werden auch andere dein wahres Ich erkennen können.

Das bedeutet auch, dass du in verschiedenen Rollen und damit auch in verschiedenen Kontexten durchaus unterschiedlich agieren kannst, sofern es grundsätzlich zu dir passt. Gib einfach den Rollen deine Persönlichkeit, drücke ihnen deinen persönlichen Stempel auf. Oft bedeutet das, dass du nur eine unterschiedliche Gewichtung im Ausleben deiner Werte, also eine andere Strategie zur Erfüllung wählst. Unauthentisch und damit schwierig wird es nur, wenn du im gleichen Umfeld deine Rolle immer wieder anders lebst.

Solltest du dauerhaft keine Möglichkeit sehen, deine Bedürfnisse zu befriedigen und nach deinen Werten zu leben, dann solltest du nicht dich infrage stellen, sondern dein Umfeld. Aber auch in diesem Fall sind dein Umfeld, der Job, andere Menschen nicht falsch. Ihr passt dann vielleicht einfach nicht zusammen. Können eure Werte und Bedürfnisse langfristig nicht unter einen Hut gebracht werden, dann solltet ihr als letzte Konsequenz dem Motto "agree to disagree" folgen und getrennter Wege gehen. Bevor es jedoch dazu kommt, solltest du ganz genau untersuchen, ob nicht eventuell nur die gewählten Erfüllungsstrategien inkompatibel sind. Die lassen sich mit etwas gutem Willen, Offenheit und Kreativität oft gut anpassen.

Wenn du einmal alle drei Schritte des Jedership-Prinzips durchlaufen und die Übungen gemacht hast, dann hast du hoffentlich einiges Neues über dich gelernt. Es liegt an dir, wie weit du das treiben möchtest. Das Jedership-Prinzip ist nicht ohne Grund ein Kreis ohne Anfang und Ende. Es ist deine Entscheidung. Du bist dran ...

„In allem, was Du denkst, sei klar,
in allem, was Du sprichst, sei wahr,
in allem, was Du bist, sei Du,
dann lächelt auch das Glück Dir zu."

– Unbekannter Autor

Authentizität ist keine Schwäche und auch nicht entweder/oder

Interessanterweise machen Menschen all das oben genannt oft eben nicht. Warum? Weil sie Angst haben. Angst davor, sich verletzlich und angreifbar zu machen. Sie haben Angst davor, in einer Krise nicht mehr als der heroische Retter wahrgenommen und damit auch machtlos zu werden. Insbesondere im Business-Bereich ist das Thema authentische Führung aus diesen Gründen nicht ganz unumstritten.

Authentizität wird manchmal gar als Gegenentwurf zum stereotypen, dominanten und willensstarken Entscheider gesehen. Oftmals liegt der Kritik aber scheinbar ein gewisses Schwarz-Weiß- bzw. Richtig-Falsch-Denken oder ein bestimmtes Menschenbild mit entsprechenden Glaubenssätzen zugrunde. Die Frage ist doch eher, ob Authentizität als stimmig wahrgenommen und als passende Eigenschaft einer Führungskraft angesehen wird. Das hängt doch sehr stark von den beteiligten Menschen und ihrem individuellen Kontext ab. Bewertungen und damit auch Auszeichnungen wie gute und schlechte Führung müssen immer im Kontext gesehen werden. Mit gut und böse werden in Märchen Weltbilder stark vereinfacht. Zu unserer komplexen Realität passt das jedoch weniger.

Tatsächlich dürfte es auch wie bei anderen, ähnlich gelagerten Fällen eine gewisse Diskrepanz zwischen dem, was wir anderen unterstellen und dem, was wir selbst tun würden, geben. Ich würde fast darauf wetten, dass die Menschen, die Authentizität als unpassend ansehen, Angst haben, dass andere sie als Schwäche ausnutzen werden, das selbst aber nie tun würden.

Ein weiteres Missverständnis mit vermutlich ähnlichen, zugrundeliegenden Ursachen besteht darin, dass ein Mensch nur

Bei Authentizität geht es nicht um richtig oder falsch, entweder/oder oder schwarz-und-weiß. Es geht um Nachvollziehbarkeit.

dann authentisch ist, wenn er immer zu 100% genau das zeigt, was in ihm vorgeht oder eben nicht. Demnach wäre jedes freundliche Auftreten und Lächeln nur gespielt und verlogen, wenn es im Inneren aktuell eigentlich eher traurig zugeht.

Dabei kann das aus meiner Sicht genauso gut nebeneinander existieren. Authentizität ist nicht binär. Genauso wie auch Werte und Bedürfnisse gleichzeitig, nebenher und teilweise sogar konkurrierend existieren können. Schließlich kann ich ja den Wunsch haben, meinen Kunden ein tolles Erlebnis im Restaurant zu ermöglichen und trotzdem in Bezug auf etwas anderes traurig sein. Ich kann zum Beispiel auch freundlich zu Menschen sein, die ich überhaupt nicht mag. Ich kann nämlich einfach den Wert Respekt, Toleranz oder ähnliches als wichtiger erachten.

Wie gesagt, authentisch zu sein heißt nicht, zu jeder Zeit unreflektiert und ungefiltert zu handeln. Und sehr wohl bin ich authentisch, wenn ich aufgrund unerfüllter Bedürfnisse Emotionen in mir wahrnehme, die ich in bestimmten Rollen nicht allen Menschen direkt auf die Nase binde.

Lass uns also lieber annehmen, dass es bei Authentizität um Priorisierung oder unterschiedliche Ausprägungen und nicht um entweder/oder geht. Gerade dieser Umstand macht womöglich sogar noch authentischer und zuverlässiger.

Letztlich geht es doch darum, dass andere Menschen nicht den Eindruck bekommen, dass sie einen Pudding an die Wand nageln, wenn sie es mit dir zu tun haben. Sei also, so weit es passend ist, du selbst. Denn genau das heißt doch, authentisch zu sein.

Sei kein Pudding.

Über Jedership und die Jedership Academy

Erinnerst du dich noch? Am Anfang des Buches habe ich gesagt: Oftmals mangelt es nicht am Wissen. Es mangelt daran, dass wir es umsetzen. Und genau aus diesem Grund ist das Jedership-Prinzip und damit auch dieses Spin-off so gestaltet, dass du möglichst leicht ins Tun kommst und bleibst.

Jedership ist eine Anleitung, wie du selbst ins Handeln kommst und durch bessere Führung erfolgreicher deine Themen und Ziele realisierst. "Jedership – Warum Führung alle etwas angeht" beleuchtet Haltung und Mindset im Kontext von Führung. Das Buch schafft die Grundlage für ein modernes Führungsverständnis insbesondere im agilen Kontext. Es enthält viele Impulse, Beispiele und Tools, mit denen jeder Mensch direkt loslegen kann.

Selbstverständlich setzt dies Disziplin voraus. Es ist unglaublich wichtig, dass du selbst erste Erfahrungen sammelst und auch erste Erfolgserlebnisse hast. Dranbleiben und weiterentwickeln ist die Devise. Als weitere Unterstützung soll dir die Jedership Academy dienen. Mehr Informationen findest du auf **academy.jedership.com**

Nochmal: Es ist mir wirklich wichtig, dass du ins Handeln kommst und etwas erreichst. Damit der erste Schritt etwas leichter wird, möchte ich dir ein kleines Geschenk machen. Mit dem folgenden Gutschein wirst du 15% Rabatt auf einen Kurs deiner Wahl bekommen:

seiauthentisch15

Ich freue mich auf deinen Besuch und bin auf deine Rückmeldung gespannt!

Über den Autor

Mehr über das Jedership-Prinzip und wie es dir im Führungsalltag hilft erfährst du in meinem Buch „Jedership – Warum Führung alle etwas angeht."

ISBN-10: 3754156950

ISBN-13: 978-3754156957

Über den Autor

Ich heiße Alexander Keller. Gern aber Alex. Ich bin Trainer, Sparringspartner und Berater für modernes und agiles Management und agile Organisationsentwicklung. Ich bin selbst Teil der Generation Y und ein echter Digital Native – und das nicht nur, weil ich 1983 in Berlin geboren wurde. Dort habe ich später an der Humboldt-Universität Informatik mit dem Nebenfach Psychologie studiert und nebenbei erste Erfahrungen als Unternehmer gesammelt. Das erste Start-up ist leider schnell wieder verschwunden, aber der Funken, eigene Sachen voran zu treiben und die Welt etwas besser zu machen, wurde entzündet.

Über viele Jahre habe ich in Start-ups und Konzernen praktische Erfahrungen zunächst als Software-Entwickler und sehr bald als ScrumMaster, Agile Coach und Manager gesammelt und dabei selbst die Notwendigkeit für Veränderungen in unseren oft viel zu trägen und angestaubten Organisationen erfahren und erlebt.

Es ist höchste Zeit, den Status quo zu hinterfragen und Arbeit und Führung neu zu denken! Ich habe mich längst für die rote Pille entschieden und möchte nun helfen, den Fokus wieder auf das zu richten, was zählt: Menschen. Menschen und ihre Beziehungen.

Als Spezialist für das Thema New Work rücke ich in meinen Trainings und Büchern den Menschen in den Mittelpunkt moderner Arbeit. Mein Fokus liegt insbesondere auf agilen Strukturen und Prozessen sowie moderner Mitarbeiterführung in Zeiten von zunehmender Digitalisierung, Globalisierung und wachsender Komplexität.

Seit vielen Jahren arbeite ich nun als Berater unter der Marke Humans Matter® und gebe unter anderem Trainings für Führungskräfte, Coaches und die klassischen agilen Rollen. Dazu gehören neben Agilen Grundlagentrainings auch Management-3.0-

Workshops, Lateral-Leadership-Trainings und natürlich Kommunikations- und Werte-Workshops.

Damit helfe ich Menschen und ihren Unternehmen, fit für die agile Transition und die Herausforderungen der modernen Arbeitswelt zu werden. Oft haben meine Kunden und die Menschen in meinen Trainings noch gar keine Berührungspunkte mit den Themen Agilität und New Work gehabt und freuen sich über neue Prinzipien und Methoden rund um das Thema Organisation und Führung und Alternativen zum klassischen Führungsverständnis.

Lass uns gemeinsam den Status quo hinterfragen und Führung, Wirtschaft und Gesellschaft weiter denken!

Alex

Alexander Keller

www.ingramcontent.com/pod-product-compliance
Lightning Source LLC
Chambersburg PA
CBHW070424240526
45472CB00020B/1241